Aktiv lernen mit Bildern

Grammatik und Wörter für die Grundstufe

Hiroko Kitahara

Deutsch macht Spaß!

ASAHI Verlag

本教科書の音声を、下記ウェブサイトにて聴くことができます。

https://text.asahipress.com/free/german/Aktiv_lernen_mit_Bildern/

表紙デザイン：駿高泰子（Yasuco Sudaka）

本文・表紙イラスト：著者

ドイツ語圏略地図　（ ☐ はドイツ語使用地域）

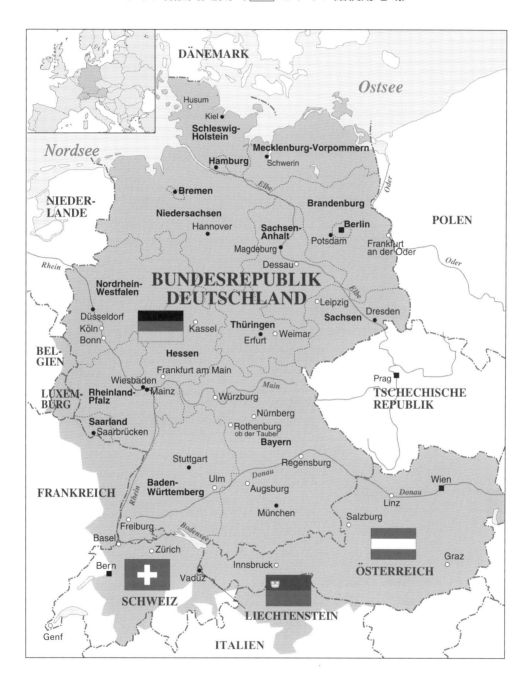

Inhaltverzeichnis もくじ

Vorwort はじめに

この本の目的

　この本の目的は、ドイツ語の基本的な文法と単語を身につけることです。ドイツ語の文法は、日本では難解と言われることがありますが、慣れるとその合理性と明快さに気がつくはずです。そのためには反復練習をするのが一番です。しかし繰り返しの練習は、同じ内容ばかりだと飽きてしまったり、本当に語学力がついているのかどうか不安になったりするかもしれません。そんな問題を解決するために、この本には覚えるべき基本語のリストや、実際にありそうな場面を表す不定詞句がたくさん掲載されています。これらをすべて頭に入れることができれば素晴らしいのですが、しかし無理は禁物です。ただ覚えるのではなく、楽しく身につくように口頭練習や作文の際にどんどん使ってみましょう。

　この本の特徴は2つあります。1つ目は、口頭練習（そしてさらにそれを筆記することで作文の練習に発展させることができます）で使用するために不定詞句がたくさん掲載されていることです。2つ目は、不定詞句の意味を直感的に伝えるためにイラストが添えられていることです。単語がわからなくても、それぞれの課で身につけるべき文法を理解すれば、イラストのような状況をドイツ語で言い表すことができるようになるはずです。まずはこれらの不定詞句を使って、その絵を見ただけでドイツ語が口をついて出てくるように何度も練習しましょう。主語を変えたり、否定文にしたり、疑問文にしたりするなどしていろいろな文を作る練習を繰り返すことで、文法も単語も体得できます。頭に情報の記憶として入れただけではなく、口を動かすことで覚えた言葉は、じっくりと身体にしみ込みます。ですので、本当に自分がその場面に出くわした時にとっさの一言となっていつか飛び出してくるはずです。その日が来ることを信じつつ、日々の練習に取り組んでください。

おすすめの予習・復習方法

★予習

・日本語による解説に目を通しましょう。

・気になる単語を辞書で調べましょう。

　…負担にならないように、できる範囲で続けましょう。

★大事なのは 復習 です‼

　　・日本語による解説を読み、文法を理解しましょう。

　・授業中に行った口頭、筆記、それぞれの練習を繰り返しましょう。また、
　　口頭練習を筆記で、筆記練習を口頭おこなってもよいでしょう。さらに、

主語を変えたり、

肯定文
↑ ↓
否定文
↑ ↓
疑問文

書き換えをしたり、

いろいろな場面を思い浮かべながら

練習しましょう。

頭になかなか入らない規則は、

壁に貼って毎日眺めるのもよいでしょう！

Einführung アルファベット　発音　文法の概略　あいさつ

1. アルファベット Das Alphabet

🔊 1-02

A a	[a:]	H h	[ha:]	O o	[o:]	V v	[faʊ]	Ä ä	[a:ʊmlaʊt]
B b	[be:]	I i	[i:]	P p	[pe:]	W w	[ve:]	Ö ö	[o:ʊmlaʊt]
C c	[tse:]	J j	[jɔt]	Q q	[ku:]	X x	[ɪks]	Ü ü	[u:ʊmlaʊt]
D d	[de:]	K k	[ka:]	R r	[ɛr]	Y y	[ýpsilɔn]	ß	[ɛs-tsét]
E e	[e:]	L l	[ɛl]	S s	[ɛs]	Z z	[tsɛt]		
F f	[ɛf]	M m	[ɛm]	T t	[te:]				
G g	[ge:]	N n	[ɛn]	U u	[u:]				

2. 発音

　大体において、ローマ字のように読みます。しかし英語にはない文字や、ドイツ語独特の発音になる組み合わせには注意する必要があります。同音節内で母音の後に複数の子音がくると、母音は短く発音されます。

★注意すべき発音　母音編

1) ウムラウト 🔊 1-03

ä 「エ」：日本語の「え」に近い音。頬を緊張させずに発音します。

[ɛ:]	erklären	説明する	Mädchen	少女	Universität	大学	Nähe	近く
[ɛ]	Bäckerei	パン屋	März	3月	Kälte	寒さ	Bälle	ボール（複数形）

ö 「オ」と「エ」の中間の音：oの口をしてeと発音します。

[ø:]	Öl	油	Österreich	オーストリア	hören	聞く	möglich	可能な
[œ]	öffnen	開ける	können	…できる	Göttingen	ゲッティンゲン	zwölf	12

ü 「ウ」と「イ」の中間の音：uの口をしてiと発音します。

[y:]	über	…の上に（へ）	Übung	練習	Prüfung	試験	müde	疲れた
[ʏ]	München	ミュンヘン	müssen	…しなければならない	Büro	事務所	zurück	後ろへ

2) 二重母音 🔊 1-04

au	[aʊ]	「アオ」	Augenblick	瞬間	Auto	車	Baum	木	Haus	家・建物
ei	[aɪ]	「アイ」	Eis	氷	Freiheit	自由	Arbeit	仕事	Seite	側・ページ
eu, äu	[ɔy]	「オイ」	neu	新しい	heute	今日	Leute	人々	Häuser	家・建物（複数形）
ie	[i:]	「イー」	dieser	この…	Liebe	愛	Brief	手紙	viel	多くの…

★注意すべき発音　子音編

1) 単語の最初・中と終わり（音節の終わり）で発音が変わる子音 ◀))1-05

	単語の最初・中	単語の終わり（音節の終わり）
b	[b]「バ・ビ・ブ・ベ・ボ」 schreiben　書く（不定詞） neben　　…のとなりの(に)	[p]「プ」 schreibt　「書く」の3人称単数・2人称親称複数 ob　〜かどうか
d	[d]「ダ・ディ・デュ・デェ・ド」 Danke!　ありがとう　　finden　見つける	[t]「トゥ」 gesund　健康な　　Fahrrad　自転車
g	[g]「ガ・ギ・グ・ゲ・ゴ」 Tage　昼・日（複数形）　　Regen　雨	[k]「ク」 Tag　昼（単数形）　　Hamburg　ハンブルク
s	[z]「ザ・ジ・ズ・ゼ・ゾ」 Seite　側・ページ reisen　旅行する（不定詞）	[s]「ス」 Glas　グラス reist　「旅行する」の3人称単数・2人称親称複数

2) ドイツ語独特の発音になる子音 ◀))1-06

j	[j]	Japan 日本	Japanisch 日本語	Jahr 年	jetzt 今
v	[f]	Vater 父親	verstehen 理解する	voll いっぱいの	Vogel 鳥
w	[v]	schwarz 黒	Handwerk 手仕事	Wissen 知識	Wohnung 住居
y*	[y]	Typ タイプ	System システム	Symbol シンボル	Psychologie 心理学
z	[ts]	Zeit 時間・時代	Zimmer 部屋	Zucker 砂糖	Zoo 動物園

*発音はüと同じで、母音扱いとなります。

3) よくある子音の組み合わせ ◀))1-07

ch	[x]	Bach	バッハ（作曲家）・小川	Nacht	夜
		noch	まだ	Buch	本
	[ç]	nicht	…ない	Kirche	教会
		durch	…を通って	nächst	次の
ig	[ıç]	billig	安価な	langweilig	退屈な
		richtig	正しい	zwanzig	20
qu	[kv]	Quatsch	たわごと	Quelle	泉
		liquid	液状の	Quiz	クイズ
-ss, -ß	[s]	Fußball	サッカー	Straße	通り
		Spaß	楽しみ	Fluss	河川
sch	[ʃ]	schnell	速い	falsch	誤った
		Schule	学校	Mensch	人間
sp-	[ʃp]	spielen	遊ぶ	Spiegel	鏡
		Sprache	言語	Spaß	楽しみ
st-	[ʃt]	Stadt	都市	stehen	立つ
		Straße	通り	bestellen	注文する
tsch	[tʃ]	Deutsch	ドイツ語	Deutschland	ドイツ
		Tschechisch	チェコ語	Tschüs	バイバイ
tz	[ts]	jetzt	今	Katze	猫
		Witz	冗談	Dutzend	12個・1ダース

1) 不定詞句 🔊1-08

目的語や副詞句と動詞で構成された句です。**動詞**は不定詞のままで句末におかれます。主語がないので、完全な文にはなっていません。

動詞が句末   動詞が句末

in Berlin **wohnen**   am Abend nach Hause **zurückkommen**

ベルリンに 住むこと   晩に   家に   帰ってくること

2) 主文＝定動詞第2位

①ドイツ語の文章は、**動詞**と**主語**を中心にして構成されます。不定詞句に主語を加えると文になりますが、そのとき動詞は主語の人称・単複に応じて変化し、意味上の2番目（❷）におかれます。これを**定動詞第2位**といいます（＝主文）。🔊1-09

動詞が2番目！
＝定動詞第2位

❷

in Berlin   wohnen   +   mein Bruder   ➡   Mein Bruder   **wohnt**   in Berlin.

ベルリンに 住むこと   私の兄弟は   私の兄弟は   住んでいます   ベルリンに

In Berlin   **wohnt**   mein Bruder.

この語順も可！   ベルリンに   住んでいます   私の兄弟は

②**枠構造**：定動詞第2位の文である主文に助動詞が加わると、それまで第2位におかれていた動詞は、助動詞に応じて不定詞に戻ったり過去分詞に変化したりするなどして**文末**におかれます。文の述部を決定する2つの動詞が2番目と文末で文を支える枠を作っているようにみえることから、これを**枠構造**（Rahmenstruktur）といいます。また、分離動詞は文中で分離して、単独で枠構造を構成します。

🔊1-10

枠構造

❷   文末

Mein Bruder   **wohnt**   in Berlin. + wollen ➡ Mein Bruder   **will**   in Berlin wohnen.

私の兄弟は 住んでいます ベルリンに   …したい   私の兄弟は …したい ベルリンに 住む
                     （願望を表す）   wollenの 不定詞に
                      話法の助動詞   三人称単数形   戻る

In Berlin   **wohnt**   mein Bruder. +   haben   ➡   In Berlin   **hat**   mein Bruder **gewohnt**.

ベルリンに 住んでいます 私の兄弟は   完了の助動詞   ベルリンに   私の兄弟は   住む
                    （過去の出来事を   wohnenの
                     表す）   （文末の過去分詞とともに）   過去分詞形
                               ~でした。

★分離動詞の枠構造

am Abend nach Hause zurück|kommen + mein Bruder

    晩に   家に   帰って来る   + 私の兄弟は

❷

➡ Am Abend **kommt** mein Bruder nach Hause **zurück**.

     晩に   来る   私の兄弟は   家に   帰って
                                       分離動詞の
                                       前綴り

枠構造になるパターン	定動詞第2位 （主語に応じて変化する）	文末
分離動詞（現在形・過去形）	基礎となる動詞	分離の前綴り
話法の助動詞	話法の助動詞	不定詞
完了形	完了の助動詞habenあるいはsein	過去分詞
受け身	受け身の助動詞werden	過去分詞
未来形	未来の助動詞werden	不定詞
接続法第Ⅱ式	würde	不定詞

③副文＝定動詞後置

　従属の接続詞や関係代名詞などで導かれた文は副文を構成します。副文の中では、人称変化する動詞が文末に移動します（＝**定動詞後置**）。また副文は、主文の中で意味上のひとかたまりとされるため、文頭におかれた場合は主文の語順に影響を与えます。 ◀ฃ))1-11

動詞が文末！
＝定動詞後置
副文末

Mein Bruder **wohnt** in Berlin. ＋ weil ➡ weil mein Bruder wo~~hnt~~ in Berlin wohnt

私の兄弟は　　住んでいます　ベルリンに　　～なので　　　～なので　私の兄弟は　　　　　　　ベルリンに　住んでいます

従属の接続詞

＋主文　Ich **besuche** oft meinen Bruder.

私は　訪問します　しばしば　私の兄弟を

➡ Ich **besuche** oft meinen Bruder , weil er in Berlin wohnt.

私は　訪問します　しばしば　私の兄弟を　　　～なので 彼は　ベルリンに　　住んでいます

★副文が文頭に来た場合：副文に引き続いて、主文の定動詞第2位がきます。

Weil mein Bruder in Berlin wohnt, **besuche ich** ihn oft.

～なので　私の兄弟は　ベルリンに　住んでいます　訪問します　**私は**　彼を　しばしば

3) 名詞の格変化 ◀ฃ))1-12

　名詞は1－4格の格変化をします。格によって文中での主語や目的語といった機能が明示されるため、語順は比較的自由です。

1格　主語　　　　　　mein Bruder　　Mein Burder wohnt in Berlin.
　　「～は」「～が」　　　私の兄弟は　　　　私の兄弟は　　住んでいます　ベルリンに

2格　名詞を修飾　　　mein**es** Bruder**s** Die Wohnung meines Bruders ist schön.
　　「～の」　　　　　　私の兄弟の　　　　住居は　　　私の兄弟の　　～です きれい

3格　おもに間接目的語　mein**em** Bruder Ich schenke meinem Bruder eine Flasche Wein.
　　「～に」　　　　　　私の兄弟に　　　私は 贈ります　私の兄弟に　　　1本のワインを

4格　おもに直接目的語　mein**en** Bruder Ich besuche oft meinen Bruder.
　　「～を」　　　　　　私の兄弟を　　　私は 訪問します　しばしば　私の兄弟を

　また、すべての名詞には性があり、男性・女性・中性のいずれかに分類されます。つまり名詞にも「性」「格」があるのです。

4. いろいろなあいさつ

 1-13

☐ Guten Morgen!

おはようございます！

☐ Guten Tag!

こんにちは！

☐ Guten Abend!

こんばんは！

☐ Gute Nacht!

おやすみなさい！

☐ Auf Wiedersehen!

さようなら！

☐ Tschüs!

バイバイ！

☐ Bis bald!/ Bis dann!

またね！

☐ Schönen Tag（noch）！

（なおも）よい一日を！

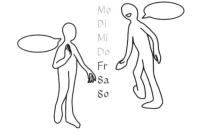

☐ Schönes Wochenende!

よい週末を！

☐ Gleichfalls!

あなたも！

☐ Bitte schön!

どうぞ／どういたしまして！

☐ Danke schön!

ありがとう！

☐ Entschuldigung!

ごめんなさい！

☐ Es tut mir leid!

残念です！

◀))) 1-14

☐ Vorsicht bitte!
ご注意下さい。

☐ Gute Besserung!
お大事に！（病気全般に）

☐ Gesundheit!
お大事に！（咳をした人に）

Danke schön!

☐ Gerne!
喜んで！／どうも！

☐ Guten Appetit!
召し上がれ！

☐ Viel Spaß!
楽しんでね！

☐ Viel Glück!
お幸せに！／おめでとう！

☐ Toi, toi, toi!
上手くいきますように！

☐ Wirklich?
本当に？

☐ Natürlich!
当然さ！

☐ Schade!
残念！

☐ Egal!
どちらでもいいです！

☐ Genau!
その通り！

☐ Wie geht es Ihnen?　　ご機嫌いかがですか。

☐ Danke, gut.　　ありがとう、いいです。

☐ So la la.　　まあまあです。

☐ Schlecht.　　悪いです。

☐ Und Ihnen?　　あなたは？

☐ Wie geht's dir?　　調子どう？

☐ Danke, gut　　ありがとう、いいよ。

☐ So la la.　　まあまあだよ。

☐ Schlecht.　　悪いね。

☐ Und dir?　　で君は？

5. ドイツ語で自己紹介をしてみましょう。Selbstvorstellung

Lena Becker さんが自己紹介をしています。 ◀))) 1-15

Ich heiße Lena Becker.
Ich komme aus Köln.
Ich wohne in München.
Ich studiere Ostaseinwissenschaften und Pädagogik.

1）自分のことを書いてみましょう。

Ich heiße _____ _____ .
　　　　　　　　　　　Vorname　　　　　　　　　　　Nachname（Familienname）

Ich komme aus _____ .

Ich wohne in _____ .

Ich studiere _____ .

◀))) 1-16

Wirtschaftswissenschaften, Betriebswirtschaft, Jura, Politikwissenschaft,
Literaturwissenschaft（Japanologie / Anglistik / Germanistik / Sinologie）,
Sprachwissenschaft, Psychologie, Philosophie, Soziologie, Geschichte, Pädagogik,
Architektur, Bauingenieurwesen, Biologie, Informatik, Mathematik, Chemie,
Astoronomie, Gartenbau, Maschinenbau, Medizin, Zahnmedizin, Musik,
Musikwissenschaft, Kunst, Kunstwissenschaft u. s. w.

2）友達に尋ねてみましょう。Fragen Sie Ihre Partnerin oder Ihren Partner. ◀))) 1-17

A	B
Wie heißt du?	Wie heißen Sie?
Woher kommst du?	Woher kommen Sie?
Wo wohnst du?	Wo wohnen Sie?
Was studierst du?	Was studieren Sie?

3) 単語の意味を推測してみましょう。

wie:

woher:

wo:

was:

4) 2）のA と B の違いは何か考えてみましょう。

5) まとめてみましょう。

意味				
動詞	heißen	kommen	wohnen	studieren
ich と並ぶ時の形				
du と並ぶ時の形				
Sie と並ぶ時の形				

★ „ch"の発音の練習 🔊 1-18

ach	アッハ	Ach! あぁ！　Dach 屋根　　Fach 分野
		nach …の後に・…によれば等　Nacht 夜
ech	エヒ	Knecht 下僕　Recht 権利　rechnen 計算する　echt 本当の
ich	イッヒ	ich 私は　mich 私を　dich 君を　richtig 正しい　Licht 光
och	オッホ	doch だが・しかし　hoch 高い　Koch 料理人　Woche 週
uch	ウーフ	Tuch 布地　Buch 本　Zucht 規律　Frucht 果物
auch	アウホ	auch …もまた　Bauch お腹　Rauch 煙　tauchen 潜る
eich	アイヒ	reich 金持ちな　leicht 軽い　weich 柔らかい　Zeichen 合図

動詞の現在人称変化　否定文と疑問文　いろいろな副詞

1. 動詞の現在人称変化〈規則変化〉

語幹＋語尾

komm|en

↳ 語尾が<u>主語の人称・単複</u>に応じて変化する

　動詞は、語幹と語尾から構成されています。語幹は語尾-en（まれに-n）を除いた部分です。実際に文章で動詞が用いられるときには、主語の人称・単複に応じて語尾が変化します。どのように変化するのかは、下記の表を参照してください。

人称と動詞語尾の種類〈規則変化〉 ◀)) 1-19

			主語	人称変化	来る komm|en	住む wohn|en
単数	1人称	私は	ich	語幹 e	komm|e	wohn|e
	2人称（親称）	君は	du	語幹 st	komm|st	wohn|st
	3人称 上記以外すべての 単数の語	彼は 彼女は それは 不定代名詞：人は （不特定の人を表す） 等々	er sie es man :	語幹 t	komm|t	wohn|t
複数	1人称	私たちは	wir	語幹 en	komm|en	wohn|en
	2人称（親称）	君たちは	ihr	語幹 t	komm|t	wohn|t
	3人称 上記以外すべての 複数の語	彼らは 彼女らは それらは 等々	sie :	語幹 en	komm|en	wohn|en
単複 同形	2人称（敬称）	あなたは・あなた方は	Sie	語幹 en	komm|en	wohn|en

★このパターンの人称変化は典型的なので、他にもたくさんの動詞がこのパターンに含まれます。 ◀)) 1-20

□ beginnen	始まる、始める（英 beginn）	□ gehören	3格…に所属する、3格…のものである	□ schreiben	書く
□ bleiben	留まる	□ glauben	信じる、思う	□ schwimmen	泳ぐ
□ bekommen	受け取る	□ gewinnen	勝つ	□ singen	歌う
□ bestellen	注文する	□ hören	聞く	□ spielen	遊ぶ、演じる（英 play）
□ besuchen	訪問する	□ jobben	アルバイトする	□ stehen	立つ
□ bezahlen	代金を払う	□ kaufen	買う	□ studieren	大学で学ぶ、…を専攻する
□ brauchen	必要とする	□ kennen	（体験的に）知っている	□ suchen	探す
□ bringen	持ってくる（英 bring）	□ kommen	来る	□ trinken	飲む
□ denken	考える	□ kochen	料理する	□ verkaufen	売る
□ duschen	シャワーを浴びる	□ lernen	学ぶ	□ verlieren	失う、負ける
□ erklären	説明する	□ machen	する、作る（英 do, make）	□ verstehen	理解する
□ fragen	尋ねる、質問する	□ rauchen	煙草を吸う	□ wohnen	住む
□ fotografieren	写真をとる	□ sagen	言う	□ zahlen	支払いをする
□ gehen	行く	□ schenken	贈る	□ zeigen	示す

Übung 1 **G** 次の動詞を現在人称変化させてみましょう。

意味	machen	gehen	sagen	hören	spielen	lernen
ich						
du						
er/sie/es/man …						
wir						
ihr						
sie …						
Sie						

2．動詞の現在人称変化〈規則変化のヴァリエーション —口調を整えるための変化〉

　動詞の人称変化では、口調を整えるために若干のヴァリエーションが加わる場合があります。

　語幹が-t（例：arbeiten 勉強する）や-d（例：finden 見つける）のように「トゥッ」の音で終わる場合は、2人称単数duと3人称単数、2人称複数ihrの時に、口調を整える-e-が語幹と語尾の間に入ります。

　また語幹が-s（例：reisen 旅行する）、-z（例：tanzen 踊る）、-ß（例：heißen …という名である／…という意味である）のように「スーッ」や「ツッ」の音で終わるときには、duの時の語尾でsが省略され、-tのみとなります。　　　　　　　　　　　　　　　　　　　　　　　🔊1-21

	du・er/sie/esとihrで口調の-e-が入るもの	duで語尾が-tになるもの
	arbeiten	heißen
ich	arbeite	heiße
du	arbeitest	heißt
er/sie/es	arbeitet	heißt
wir	arbeiten	heißen
ihr	arbeitet	heißt
sie	arbeiten	heißen
Sie	arbeiten	heißen

★これらのパターンでよく使われる動詞

1）du・er/sie/esとihrで口調の-e-が入るもの 🔊1-22　　2）duで語尾が-tになるもの 🔊1-23

☐ antworten	答える	☐ finden	見つける	☐ benutzen	使う	☐ putzen	掃除する
☐ arbeiten	仕事する	☐ öffnen	開ける	☐ grüßen	挨拶する	☐ reisen	旅行する
☐ baden	入浴する	☐ reden	演説する	☐ hassen	憎む	☐ schließen	閉める
☐ bedeuten	意味する	☐ reiten	乗馬する	☐ heißen	…という名である、…という意味である	☐ setzen	座らせる、置く
☐ bilden	形作る	☐ retten	救出する	☐ passen	合致する	☐ tanzen	踊る

Übung 2 **G** 次の動詞を現在人称変化させてみましょう。

	1）du, er/sie/es, ihrの時に口調の-e-が入るもの			2）duの語尾が-tになるもの		
意味						
	finden	antworten	bedeuten	putzen	reisen	tanzen
ich						
du						
er/sie/es						
wir						
ihr						
sie						
Sie						

3．否定文と疑問文

1）**否定文** 🔊 1-24

　否定の副詞nichtを文に入れると否定文になります。nichtを入れる場所は、動詞と語句の結びつきの強さで決まりますが、とりあえず否定したい語（句）の前におきましょう。

Thomas arbeitet **nicht** heute.　　　　　（こちらも可：Thomas arbeitet heute nicht.）
トーマスは今日仕事しません。

2）**疑問文** 🔊 1-25

① 単純疑問文：ja「はい」かnein「いいえ」で答えられるもっとも単純な疑問文のことです。定動詞第2位にある動詞を文頭におくとつくることができます。

Wohnt Thomas in Berlin?　－　Ja, Thomas wohnt in Berlin.　　　はい、トーマスはベルリンに住んでいます。
トーマスはベルリンに住んでいますか。　－　Nein, Thomas wohnt nicht in Berlin.　　いいえ、トーマスはベルリンに住んでいません。

② 否定疑問文：否定文を疑問文にしたときは、doch「いえいえ」（問いの否定を打ち消す）とnein「いいえ」で答えます。

Wohnt Thomas nicht in Berlin?　－　**Doch**, Thomas wohnt in Berlin.　　いえいえ、トーマスはベルリンに住んでいます。
トーマスはベルリンに住んでいませんよね。　－　Nein, Thomas wohnt nicht in Berlin.　　いいえ、トーマスはベルリンに住んでいません。

③ 疑問詞付き疑問文：上記の疑問文の文頭に疑問詞をおくことができます。

Wo wohnt Thomas?　－　Thomas wohnt in Berlin.
どこにトーマスは住んでいますか。　　　トーマスはベルリンに住んでいます。

★いろいろな疑問詞 🔊 1-26

☐ was	何が、を	☐ wo	どこ	☐ wer	誰が、は
☐ wie	いかに	☐ woher	どこから	☐ wessen	誰の
☐ wann	いつ	☐ wohin	どこへ	☐ wem	誰に
☐ warum / wieso	なぜ	☐ welcher	どの（活用あり）	☐ wen	誰を

Übung 3 🅖 **次の文を疑問文にしてみましょう。**

1) Du kochst Spaghetti.　　君はスパゲッティを料理します。

2) Sie kommt heute.　　彼女は今日来ます。

3) Sie bleiben zu Hause.　　あなたは家にとどまります。

4) Katharina studiert Jura.　　カタリーナは法学を専攻しています。

5) Sie verstehen das.　　あなたはこれを理解します。

Übung 4 🅖 ＿＿＿＿＿ **に当てはまる疑問詞を書き入れましょう。**

1) ＿＿＿＿＿ macht man?　　何を（人は）していますか。

2) ＿＿＿＿＿ bleiben Sie zu Hause?　　なぜあなたは家にとどまるのですか。

3) ＿＿＿＿＿ kommt er?　　いつ彼は来ますか。

4) ＿＿＿＿＿ kochst du?　　何を君は料理するのですか。

5) ＿＿＿＿＿ heißt du?　　君の名前は何ですか。

6) ＿＿＿＿＿ heißt das?　　それはどういう意味ですか。

Übung 5 絵を指さしながら1)−3) のように尋ねてみましょう。また尋ねられたら、適切に答えてみましょう。 ◀))1-27

1) 相手の人に、それをするか（しているか）尋ねてみましょう。

Gehst du zu Fuß?　−　Ja, ich gehe zu Fuß.
君は徒歩で行くの？　　　　　　　　はい、私は徒歩で行きます。

−　Nein, ich gehe nicht zu Fuß.
いいえ、私は徒歩で行きません。

2) 相手の人に、それをしていないか、否定疑問文を使って尋ねてみましょう。

Spielst du nicht Klavier?　−　Doch, ich spiele Klavier.
君はピアノは弾かないよね？　　　　　　いえいえ、私はピアノを弾きますよ。

−　Nein, ich spiele nicht Klavier.
いいえ、私はピアノを弾きません。

3) 絵を指して、彼あるいは彼女が何をしているのか、尋ねてみましょう。

Was macht er?　　− Er erklärt etwas.
彼は何をしていますか。　　　彼は何かを説明しています。

oder Was macht sie?　− Sie sagt etwas.
彼女は何をしていますか。　　彼女は何かを言っています。

◀))1-28

☐ fragen

☐ denken

☐ singen

☐ tanzen

☐ reiten

☐ duschen

☐ baden

☐ schwimmen

☐ putzen

☐ kochen

☐ reisen

☐ fotografieren

☐ schreiben

☐ zahlen

☐ rauchen

☐ im Supermarkt arbeiten

☐ zu Fuß gehen

☐ zu Hause bleiben

☐ in der Stadt wohnen

☐ Fußball spielen

☐ Klavier spielen

☐ Musik hören

☐ Deutsch lernen

☐ etwas bringen

☐ etwas erklären

☐ etwas sagen

☐ etwas bestellen

次の表現では否定文にするとき、nichtを使わず、2行目の不定詞句を使いましょう。

☐ ein Museum besuchen
☐ kein Museum besuchen

☐ ein Geschenk kaufen
☐ kein Geschenk kaufen

☐ einen Schlüssel suchen
☐ keinen Schlüssel suchen

☐ ein Bild zeigen
☐ kein Bild zeigen

☐ einen Brief bekommen
☐ keinen Brief bekommen

☐ Wasser trinken
☐ kein Wasser trinken

☐ Blumen schenken
☐ keine Blumen schenken

　副詞を用いると、時や程度などの表現を文に加えることができます。auch, sehr, ganz以外は定動詞第2位の語順に影響を与えることがあるので注意が必要です。

🔊 1-29

☐ auch	…もまた	☐ noch	まだ、なお	☐ immer	いつも
☐ sehr	とても…	☐ noch nicht	まだ…ない	☐ oft	しばしば
☐ ganz	まったく…	☐ schon	すでに	☐ jetzt	今
☐ gern	…するのが好きな	☐ da	そこで（場所）・その時（時間）	☐ zusammen	一緒に
☐ gut	上手に	☐ dort	そこで（場所）	☐ heute	今日

🔊 1-30

reiten ＋ **sehr** ＋ **gut** ＋ ich → Ich reite **sehr gut**.　　私はとても上手に乗馬します。
　　　　　　　　　　　　　主語

reiten ＋ **gern** ＋ er → Er reitet **gern**.　　　　彼は乗馬が好きです。
　　　　　　　　主語

Übung 6 🔊 次の副詞をそれぞれの不定詞句に加えて、文にしてみましょう。疑問文にもして、周りの人に質問してみましょう。

1）＋ gern, auch, schon, jetzt ...　🔊 1-31

z. B. Ich lerne auch Französisch. / Lernst du **jetzt** Chinesich?

| Deutsch lernen | Französisch lernen | Russisch lernen | Chinesisch lernen | Koreanisch lernen | Italienisch lernen |

2）＋ gern, auch, gut, oft ...　🔊 1-32

z. B. Ich spiele gern Tennis. / Spielst du **gut** Fußball?

Tennis spielen　Basketball spielen　Fußball spielen　Baseball spielen　Volleyball spielen　Klavier spielen　Geige spielen　Gitarre spielen

3）**Übung 5** の語句から好きなものを選び、副詞を加えた文にしてみましょう。

Übung 7 **G** （　　　）内の動詞を人称変化させて、＿＿＿＿＿に書き入れましょう。

1) Stephan ＿＿＿＿＿ heute nicht. （kommen）
シュテファンは今日来ません。

2) Julia und Klaus ＿＿＿＿＿ zusammen. （spielen）
ユーリアとクラウスは一緒に遊んでいます。

3) Ich ＿＿＿＿＿ Sie nicht. （verstehen）
私はあなたの言うことがわかりません。

4) Am Abend ＿＿＿＿＿ wir zu Hause. （bleiben）
晩に私たちは家にいます。 zu Hause 家に

5) ＿＿＿＿＿ ihr gern Musik? （hören）
君たちは音楽を聴くのが好きですか。

6) ＿＿＿＿＿ du das Buch auch? （brauchen）
君はその本も必要ですか。

7) Er ＿＿＿＿＿ die Straße. （suchen）
彼はその通りを探している。

8) ＿＿＿＿＿ Thomas Französisch? （lernen）
トーマスはフランス語を習っていますか。

9) Wir ＿＿＿＿＿ in Sapporo. （studieren）
私たちは札幌で大学に通っています。

10) Ein Student ＿＿＿＿＿ den Lehrer. （fragen）
とある学生が先生に質問します。

11) Der Unterricht ＿＿＿＿＿ pünktlich. （beginnen）
授業は時刻通りに始まります。 pünktlich 時刻通りに

12) ＿＿＿＿＿ du Kaffee oder Tee? （trinken）
君はコーヒーを飲みますか、それとも紅茶ですか。

13) Frau und Herr Schmidt ＿＿＿＿＿ gern. （singen）
シュミット夫妻は歌うのが好きです。

14) Der Mann ＿＿＿＿＿ nicht mehr. （rauchen）
その男性はもうタバコを吸わない。 nicht mehr もう…ない

15) Was ＿＿＿＿＿ du? （glauben）
君はどう思いますか。

16) Was ＿＿＿＿＿ er? （sagen）
彼は何と言っていますか。

17) Wohin ＿＿＿＿＿ sie? （gehen）
彼女はどこへ行くのですか。

18) Wie ＿＿＿＿＿ ihr den Film? （finden）
君たちはその映画をどう思いましたか。

19) ＿＿＿＿＿ du heute? （arbeiten）
君は今日仕事するのですか。

20) Wie ＿＿＿＿＿ ihr? （heißen）
君たちは何という名前なのですか。

動詞の現在人称変化（2）・不規則変化　いろいろな接続詞

1．動詞の現在人称変化〈不規則変化―幹母音が変化する動詞〉

　人称変化するときに、語幹に含まれる母音（＝幹母音）が、2人称単数（親称）duと3人称単数の時に変化する動詞群があります。大きく分けて①幹母音aの時ウムラウトして**ä**になる場合と、②幹母音eが**i**あるいはieに変化する場合の2つのパターンがあります。

🔊 1-33

		幹母音の変化：	①a→ä	②e→i（語によってはe→ie）
		不定詞	fallen	essen
単数	1人称	ich	falle	esse
	2人称（親称）	du	f**ä**llst	**i**sst
	3人称	er/sie/es/man　等々	f**ä**llt	**i**sst
複数	1人称	wir	fallen	essen
	2人称（親称）	ihr	fallt	esst
	3人称	sie 等々	fallen	essen
単複同形	2人称（敬称）	Sie	fallen	essen

このパターンで人称変化する重要な動詞

① a → ä				② e → i		e →ie	
			🔊 1-34		🔊 1-35		🔊 1-36
☐ fahren	（乗り物で）行く	☐ lassen	…させる（英 let）	☐ brechen	壊す、折る、割る	☐ empfehlen	薦める
☐ fallen	落ちる	☐ laufen	走る	☐ essen	食べる	☐ lesen	読む
☐ fangen	捕まえる、受け止める	☐ tragen	（荷物を）運ぶ、着る	☐ geben	与える	☐ sehen	見る、会う
☐ gefallen	³格 …の気に入る	☐ waschen	洗う	☐ helfen	助ける、手伝う		
☐ halten	保つ	☐ schlafen	寝る	☐ sprechen	話す		
☐ laden	（荷物を）積む	☐ schlagen	打つ、叩く	☐ treffen	出会う		
				☐ vergessen	忘れる		
				☐ werfen	投げる		

Übung 1 **G** 次の動詞を現在人称変化させてみましょう。

1）fahren　　2）laufen　　3）sprechen　　4）geben　　5）sehen　　6）lesen

2. 重要な不規則変化動詞

　次の5つの不規則変化動詞は、非常によく用いられるため、きっちり覚える必要があります。とくに sein「ある・いる」、haben「持っている」、werden「～になる」の3つは、基本単語の中でも重要です。

◀))1-37

意味	ある　いる	持っている	～になる	取る、選ぶ等	知っている
	sein	**haben**	**werden**	nehmen	wissen
ich	**bin**	habe	werde	nehme	weiß
du	**bist**	**hast**	**wirst**	nimmst	weißt
er/sie/es man 等々	**ist**	**hat**	**wird**	nimmt	weiß
wir	**sind**	haben	werden	nehmen	wissen
ihr	**seid**	habt	werdet	nehmt	wisst
sie 等々	**sind**	haben	werden	nehmen	wissen
Sie	**sind**	haben	werden	nehmen	wissen

Übung 2 **G** ＿＿＿＿＿＿に（ ）内の動詞を人称変化させて書き入れましょう。

1）Das ＿＿＿＿＿＿ ich nicht. （wissen）

2）Er ＿＿＿＿＿＿ nach Dresden. （fahren）

3）Es ＿＿＿＿＿＿ kalt. （werden）

4）Das Zimmer ＿＿＿＿＿＿ ein Fenster. （haben）-s Zimmer 部屋　-s Fenster 窓

5）Ich ＿＿＿＿＿＿ einen Bruder. （haben）-r Bruder 兄弟

6）＿＿＿＿＿＿ du Hunger? （haben）-r Hunger　空腹

7）Du ＿＿＿＿＿＿ den Zug. （nehmen）-r Zug　電車

8）Was ＿＿＿＿＿＿ du? （lesen）

9）＿＿＿＿＿＿ du dort das Haus? （sehen）-s Haus　建物

10）Er ＿＿＿＿＿＿ den Plan. （vergessen）-r Plan　計画

1)「私は〜をします」「あなたは〜をします」「あなたは〜をしますか」の文をつくりましょう。

   Ich schlafe.   Sie schlafen.   Schlafen Sie?

2)「君は〜をします」「君は〜をしますか」の文をつくりましょう。

   Du schläfst.   Schläfst du?

3) 絵を指さして、彼あるいは彼女が何をしているか尋ね、答えましょう。 🗣

   Was macht er?   －Er schläft.   **oder** Was macht sie?   －Sie wirft den Ball.
    彼は何をしていますか。   彼は眠っています。   彼女は何をしていますか。   彼女はボールを投げています。

応用編 「〜するのが好きな」を意味する副詞gernが組み合わせられそうな表現を選んで、相手の人に、それをするのが好きか尋ねてみましょう。gernがふさわしくない表現には、auch「〜もまた」、immer「いつも」、oft「しばしば」などの副詞を組み合わせて疑問文をつくり、相手の人に尋ねてみましょう。

   Läufst du **gern**? – Ja, ich laufe gern.
              – Nein, ich laufe nicht gern.
   Wäschst du **oft**? – Ja, ich wasche oft.
             – Nein, ich wasche nicht oft.

◀)) 1-39

☐ schlafen   ☐ waschen   ☐ laufen   ☐ etwas essen

☐ Deutsch sprechen   ☐ Französisch sprechen   ☐ Englisch sprechen   ☐ Chinesisch sprechen   ☐ Japanisch sprechen

☐ den Fahrplan lesen   ☐ die Zeitung lesen   ☐ das Buch lesen   ☐ das Buch empfehlen

☐ den Film sehen

☐ das Bild sehen

☐ Freunde sehen

☐ den Vogel sehen

☐ jemandem helfen

☐ der Mutter helfen

☐ einem Freund bei den Hausaufgaben helfen

☐ Auto fahren

☐ Fahrrad fahren

☐ Ski fahren

☐ den Koffer tragen

☐ das Paket tragen

☐ die Mütze tragen

☐ den Mantel tragen

☐ den Ball werfen

☐ den Ball fangen

☐ den Ball schlagen

☐ den Ball schießen

☐ den Ast zerbrechen

☐ ein Stück Brot geben

☐ jemandem das Geschenk geben

☐ den Namen vergessen

Übung 4 **G** 「（〜の乗り物で）行く」の表現を練習しましょう。それぞれの絵と不定詞句について、a）−e）の主語で文にしてみましょう。さらにb）−e）は、疑問文にしてみましょう。　　◀)) 1-40

a) ich（私）　　b) du（君）　　c) ihr（君たち）　　d) der Student（その学生）　　e) wir（私たち）

z. B.

☐　das Taxi nehmen
☐ mit dem Taxi fahren

a) Ich nehme das Taxi.　　　　　　Ich fahre mit dem Taxi.
b) Du nimmst das Taxi.　　　　　　Du fährst mit dem Taxi.
c) Ihr nehmt das Taxi.　　　　　　Ihr fahrt mit dem Taxi.
d) Der Student nimmt das Taxi.　　Der Student fährt mit dem
　　　　　　　　　　　　　　　　　　Taxi.
e) Wir nehmen das Taxi.　　　　　Wir fahren mit dem Taxi.

◀)) 1-41

1)

☐　den Zug nehmen
☐ mit dem Zug fahren

2)

☐　die U-Bahn nehmen
☐ mit der U-Bahn fahren

3)

☐　das Auto nehmen
☐ mit dem Auto fahren

4)

☐　den Bus nehmen
☐ mit dem Bus fahren

5)

☐　das Motorrad nehmen
☐ mit dem Motorrad fahren

6)

☐　das Fahrrad nehmen
☐ mit dem Fahrrad fahren

7)

☐　das Flugzeug nehmen
☐ mit dem Flugzeug fliegen

8)

☐　das Schiff nehmen
☐ mit dem Schiff fahren

9)

☐ zu Fuß gehen

Übung 5 🖊 次の目的地まではどのように行きますか。 🔊 1-42

1) Wie kommt man nach Deutschland?　ドイツへ

2) Wie kommt man zur Insel?　島へ

3) Wie kommst du zum Bahnhof?　駅へ

4) Wie kommst du in die Stadt?　町へ

5) Wie kommst du zur Uni?　大学へ

6) 3）−5）の質問を周りの人にしましょう。そして答えを3人称を主語にして書きましょう。

z. B. 🔊 🖊 Wie kommst du in die Stadt? −Ich gehe zu Fuß.　⇨ Er geht zu Fuß in die Stadt.

3. いろいろな接続詞［並列接続詞］

語と語、文と文など対等の要素を結びます。語順に影響を与えません。 🔊1-43

☐ **und**：そして　　Er nimmt das Fahrrad **und** den Bus.

☐ **aber**：しかし　　Marie fährt mit dem Fahrrad zur Uni, **aber** Claudia nimmt die U-Bahn.

☐ **oder**：あるいは　Fährst du in die Stadt mit dem Auto **oder** mit dem Zug?

☐ **sondern**：（前出の否定語［nicht, kein］に呼応して：「～ではなく」）～だ

　　　　　　　　Michael fährt <u>nicht</u> mit dem Bus **sondern** mit dem Fahrrad zur Uni.

☐ **denn**：というのも～だ　**Denn** die Uni ist nicht weit von seiner Wohnung.

2語以上で呼応して用いられる接続詞の表現

☐ nicht ...［kein ...］sondern ...：～ではなく～だ　Wir nehmen **nicht** das Flugzeug **sondern** den Zug.

☐ nicht nur ... sondern auch ...：～だけではなく～もだ

　　　　　　　　Ihr fahrt **nicht nur** mit dem Zug **sondern auch** mit dem Bus.

☐ entweder ... oder ...：～かあるいは～か　　Wir fahren **entweder** mit dem Zug **oder** mit dem Auto.

☐ weder ... noch ...：～でもなく～でもない　　Sie fährt **weder** mit dem Auto **noch** mit dem Bus.

Übung 6　**G** 下線部にふさわしい接続詞等の語を書き入れましょう。

1) Ich fahre mit dem Auto, _____ er geht zu Fuß.

　　私は自動車で行きますが、しかし彼は徒歩です。

2) Er weiß das. _____ er liest das Buch.

　　彼はそのことを知っています。というのも、彼はその本を読んでいるからです。

3) Sie wirft einen Ball _____ der Ball fällt in ein Fenster.

　　彼女はボールを投げます。そしてそのボールが窓の中に落ちます。

4) Er kommt _____ mit dem Fahrrad _____ mit dem Bus.

　　彼は自転車かバスで来ます。

5) Du liest _____ das Buch _____ die Zeitung.

　　君はその本だけでなく新聞も読んでいます。

6) Der Mann spricht _____ Englisch _____ Französisch.

　　その男性は英語ではなくフランス語を話しています。

7) Man spricht in Kanada

　　_____ Englisch _____ Französisch.

　　カナダでは英語だけではなく、フランス語も話されています。

8) Daniel trinkt _____ Wasser _____ Orangensaft.

　　ダニエルは水もオレンジジュースも飲まない。

9) Peter fährt mit dem Auto bis zum Bahnhof. _____ dann nimmt er den Zug.

　　ペーターは駅まで車で行きます。そしてそれから電車に乗ります。

10) Sabine spricht Japanisch, _____ ich nicht.

　　ザビーネは日本語を話しますが、私は話しません。

Übung 7 **G** （ ）内の動詞を人称変化させて、＿＿＿＿に書き入れましょう

1) ＿＿＿＿＿＿ du heute Abend Zeit? （haben）

　　君は今晩時間がありますか。

2) Ja, ich ＿＿＿＿＿＿ Zeit. （haben）

　　はい、私は時間があります。

3) Er ＿＿＿＿＿ eine Schwester. （haben）

　　彼には姉が一人います。

4) Das Wetter ＿＿＿＿＿＿ schön. （werden）

　　天気がよくなります。

5) Es ＿＿＿＿＿ kalt. （werden）

　　寒くなります。

6) Was ＿＿＿＿＿ Sie von Beruf? （sein）

　　あなたのご職業は何ですか。

7) ＿＿＿＿＿＿ der Mann Dolmetscher? （sein）

　　あの男性は通訳ですか。

8) Die Studentin ＿＿＿＿＿ neu hier. （sein）

　　その女子学生はここに来たばかりだ。　neu 新しい

9) Ich ＿＿＿＿＿ glücklich. （sein）

　　私は幸せです。

10) Ich ＿＿＿＿＿＿ keinen Hunger. （haben）

　　私はおなかが空いていません。

11) Der Bus ＿＿＿＿＿ nach Frankfurt. （fahren）

　　そのバスはフランクフルトに行く。

12) Die Studentin ＿＿＿＿＿ gern Hosen. （tragen）

　　その女子学生はそのズボンを好んではきます。

13) Das Kind ＿＿＿＿＿ gern Kuchen. （essen）

　　その子はこのお菓子を食べるのが好きです。

名詞の性と格変化　数詞

1. 名詞の特徴—性と格

　名詞は、文頭・文中を問わず、また固有名詞だけではなく普通名詞も抽象名詞もすべて**大文字**で書き始められます。そして、それぞれの名詞には、**男性・女性・中性**いずれかの**性**があります。

2. 格変化

　ドイツ語では、名詞は1−4格の格変化をします。

1格：おもに文章の主語に用いられ、定動詞の語尾を決定します。「〜は」「〜が」と訳すと当てはまることが多いです。

2格：他の名詞を修飾します。「〜の」と訳すとだいたい意味が取れます。男性名詞と中性名詞は2格に語尾が付きます。

3格：おもに間接目的語として機能し、「〜に」と訳すとおおよそ当てはまります。

4格：おもに直接目的語であり、「〜を」と訳すとふさわしい場合が多いです。

🔊 1-44

Wer ist　der Mann?
　　　　　1格「その男性**は**」

その男性は誰ですか。

Er　　ist　　　　　der Vater　　des Kindes.
1格「彼**は**」(2つの1格が　　1格「父親**は**」　2格「その子供**の**」
　　　等しいことを示す)

彼はその子供の父親です。

Der Vater　　gibt　　der Tochter　das Buch.
1格「父親**は**」　与えます　3格「娘**に**」　4格「その本**を**」

父親は娘にその本を与えます。

Das Buch　　gibt　　der Vater　　der Tochter.
4格「その本**を**」　与えます　1格「父親**は**」　3格「娘**に**」

格で文中の役割が明示されるので、語順はある程度入れ替えが可能

Das Buch　　liest　　die Tochter　gern.
4格「その本**を**」　読みます　1格「娘**は**」　好んで

その本を娘は好んで読みます。

3. 定冠詞の用法と格変化

定冠詞は、「あの」「その」など、念頭にある概念や個別具体的なものなど、特定のものを指すときに用いられます。性に応じて1格から4格の変化をすることで、文における名詞の役割（主語か、目的語かなど）を明示します。その際男性名詞と中性名詞は2格の時に-s（あるいは-es）が語尾に付きます。（複数形についてはLektion 4で学びます。）　　◀)) 1-45

	男性名詞 -r	女性名詞 -e	中性名詞 -s
1格 「～は」「～が」	der Mann	die Frau	das Kind
2格 「～の」	des Mann(e)s	der Frau	des Kind(e)s
3格 「～に」	dem Mann	der Frau	dem Kind
4格 「～を」	den Mann	die Frau	das Kind

❷
Der Sohn　des Lehrers schenkt der Schülerin　einen Bleistift.
1格「息子は」　2格「その先生の」　　　3格「その女子生徒に」4格「1本の鉛筆を」
その先生の息子はその女子生徒に1本の鉛筆を贈ります。

Übung 1 **G** 次の名詞を、定冠詞を付けて格変化させましょう。

1) Zug　　2) U-Bahn　　3) Fahrrad　　4) Bahnhof　　5) Stadt　　6) Auto

4. 不定冠詞の用法と格変化

不定冠詞は、数えられるもので、「とある1つの…」というように、不特定で単数のものが念頭に置かれている場合に用いられます。不定冠詞は1つのものを表すので複数形がありません。　　◀)) 1-46

	男性名詞 -r	女性名詞 -e	中性名詞 -s
1格 「～は」「～が」	ein⊠ Mann	eine Frau	ein⊠ Kind
2格 「～の」	eines Mann(e)s	einer Frau	eines Kind(e)s
3格 「～に」	einem Mann	einer Frau	einem Kind
4格 「～を」	einen Mann	eine Frau	ein⊠ Kind

⊠：冠詞の語尾が付かないことを表しています

Ich sehe dort eine Frau.　私はそこにとある女性を見ます（→そこにとある女性がいますね）。
Wer ist die Frau?　その女性は誰なのですか。

Übung 2 **G** 次の名詞を、不定冠詞を付けて格変化させましょう。

1) Restaurant　　2) Markt　　3) Brücke　　4) Haus　　5) Raum　　6) Kirche

5. 否定冠詞の用法と格変化

　否定冠詞は、不定冠詞が付いていた名詞と無冠詞の名詞を否定するときに用います。否定冠詞を付けると「ゼロの〜」という意味になります。格変化は単数では不定冠詞に「k-」を付けた形になります。しかし不定冠詞と異なり、複数形にも付けることができます。 🔊 **1-47**

	男性名詞 -r	女性名詞 -e	中性名詞 -s	複数形 *Pl.*
1格 「〜は」「〜が」	kein⬚　Mann	keine Frau	kein⬚　Kind	keine Leute
2格 「〜の」	keines Mann(e)s	keiner Frau	keines Kind(e)s	keiner Leute
3格 「〜に」	keinem Mann	keiner Frau	keinem Kind	keinen Leuten
4格 「〜を」	keinen Mann	keine Frau	kein⬚　Kind	keine Leute

⬚：冠詞の語尾が付かないことを表しています。

Ich habe keinen Hunger.　私はゼロの空腹を持っています。（→私はお腹が減っていません。）

Da ist keine Frau.　そこにゼロの女性がいます。（→そこに女性はいません。）

Übung 3　**G**　次の名詞を、否定冠詞を付けて格変化させましょう。

1) Hunger　　2) Zeit　　3) Geld　　4) Idee　　5) Plan　　6) Durst

★男性弱変化名詞　🔊 **1-48**

　男性名詞の中には、単数1格以外すべて-enあるいは-nの語尾が付く名詞があり、これを男性弱変化名詞と言います。辞書にはっきりと記されている場合もありますが、特に記述がなくても男性2格／複数1格の語尾がともに-en/-en（あるいは-n/-n）となっているときには、男性弱変化名詞と判断する必要があります。

	男性弱変化名詞			
	男性名詞 -r	女性名詞 -e	中性名詞 -s	複数形 *Pl.*
1格	der Student	der Junge	der Name	der Mensch
2格	des Studenten	des Jungen	des Namens	des Menschen
3格	dem Studenten	dem Jungen	dem Namen	dem Menschen
4格	den Studenten	den Jungen	den Namen	den Menschen

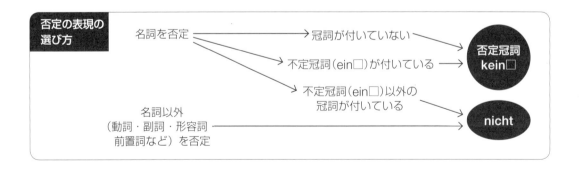

否定の表現の選び方

名詞を否定 ──→ 冠詞が付いていない ──→ 否定冠詞 kein⬚

名詞を否定 ──→ 不定冠詞（ein⬚）が付いている ──→ 否定冠詞 kein⬚

名詞を否定 ──→ 不定冠詞（ein⬚）以外の冠詞が付いている ──→ nicht

名詞以外（動詞・副詞・形容詞前置詞など）を否定 ──→ nicht

1）「君はこの〜を使う?」 －「そうだよ、この〜を使うよ」 ／ 「いいや、この〜を使わないよ」

   Benutzt du **die** Schere?

    － Ja, ich benutze **die** Schere. / Nein, ich benutze **die** Schere nicht.

2）「君はこの〜が必要なの?」 －「そうだよ、この〜が必要だよ」 ／ 「いいや、この〜は必要ではないよ」

   Brauchst du **den** Bleistift?

    － Ja, ich brauche **den** Bleistift. / Nein, ich brauche **den** Bleistift nicht.

3）「君は〜を持っている?」 －「そうだよ、〜を持っているよ」 ／ 「いいや、〜を持っていないよ」

   Hast du **eine** Brille? －Ja, ich habe **eine** Brille. ／ Nein, ich habe **keine** Brille.

🔊 1-50

☐ -e Brille   ☐ -e Schere   ☐ -r Bleistift   ☐ -r Radiergummi   ☐ -r Kugelschreiber

☐ -r Schlüssel   ☐ -e Uhr   ☐ -e Tasche   ☐ -r Rucksack   ☐ -s Buch

☐ -s Wörterbuch   ☐ -s Lineal   ☐ -s Etui / -s Federmäppchen   ☐ -s Notizbuch   ☐ -s Handy

☐ -r Schirm   ☐ -s Portmonee/ -r Geldbeutel   ☐ -e Zeitung   ☐ -s Geld*

*肯定文では無冠詞、否定文では否定冠詞を用います

Lektion 3

1）「これはドイツ語で何といいますか」ー「これはドイツ語で〜といいます」
Wie heißt das auf Deutsch? ーDas heißt auf Deutsch **U-Bahn**, **die U-Bahn**.

2）「これは何ですか」ー「これは〜です」
Was ist das? ーDas ist **ein** Zug.

3）「ここに見えているのは何ですか（＝私たちはここに何を見ていますか。）」
　　　　　ー「ここに見えているのは〜です（＝私たちはここに〜を見ています）」
Was sehen wir hier? ーHier sehen wir **einen** Bahnhof.

🔊 1-52

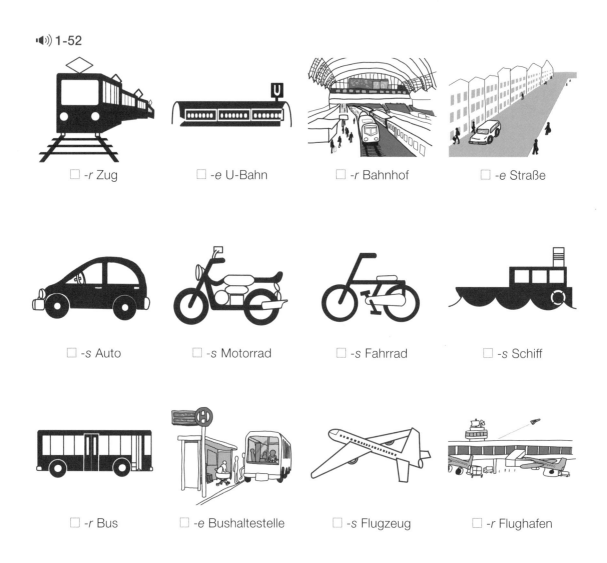

☐ -r Zug　　☐ -e U-Bahn　　☐ -r Bahnhof　　☐ -e Straße

☐ -s Auto　　☐ -s Motorrad　　☐ -s Fahrrad　　☐ -s Schiff

☐ -r Bus　　☐ -e Bushaltestelle　　☐ -s Flugzeug　　☐ -r Flughafen

☐ -e Stadt ☐ -r Platz ☐ -s Haus / -s Gebäude ☐ -e Kirche

☐ -r Markt ☐ -r Supermarkt ☐ -s Kaufhaus ☐ -s Rathaus

☐ -s Krankenhaus ☐ -e Universität / -e Uni ☐ -e Bibliothek ☐ -s Museum

☐ -s Restaurant ☐ -s Café ☐ -r Fluss ☐ -e Brücke

☐ -r Weg ☐ -r Berg ☐ -r Baum ☐ -r Park

Lektion 3

1) ＿＿＿＿＿＿＿ Zug fährt nach Köln.

その電車はケルンに行きます。

2) ＿＿＿＿＿＿＿ Fluss fließt nach Norden.

その川は北に向かって流れています。fließen 流れる

3) ＿＿＿＿＿＿＿ Tasche ist groß.

そのカバンは大きいです。

4) ＿＿＿＿＿＿＿ Wörterbuch ist praktisch.

その辞書は実用的です。

5) ＿＿＿＿＿＿＿ Bahnhof ist da.

その駅はそこにあります。

6) ＿＿＿＿＿＿＿ Student zeigt ＿＿＿＿＿＿＿ Mädchen ＿＿＿＿＿＿＿ Flughafen.

その男子学生はその少女にその空港を示します。-r Student 男子学生　　-s Mädchen 少女

7) Er vergisst ＿＿＿＿＿＿＿ Portmonee.

彼はその財布を忘れています。

8) Ich weiß ＿＿＿＿＿＿＿ Namen nicht.

私はその名前を知りません。Namen <-r Name 名前

9) Nimmst du ＿＿＿＿＿＿＿ Bus?

君はバスを選びますか。→バスに乗りますか。

10) Ich suche ＿＿＿＿＿＿＿ Brille.

私はそのメガネを探しています。

11) ＿＿＿＿＿＿＿ Schlüssel ＿＿＿＿＿＿＿ Autos ist hier.

その車のカギはここにあります。

12) ＿＿＿＿＿＿＿ Besitzer ＿＿＿＿＿＿＿ Koffers kommt noch nicht.

そのスーツケースの持ち主はまだ来ていません。-r Besitzer 持ち主

13) Siehst du dort ＿＿＿＿＿＿＿ Baum?

あそこに木が1本見えるかい。

14) Ich bestelle ＿＿＿＿＿＿＿ Tee und ＿＿＿＿＿＿＿ Kuchen.

私は紅茶を1杯とケーキを1つ注文します。-r Tee 紅茶　-r Kuchen ケーキ

15) Otto trinkt ＿＿＿＿＿＿＿ Kaffee.

オットーはコーヒーを飲みません。-r Kaffee コーヒー

6. 数詞：0−19

0	null	5	fünf	10	zehn	15	fünfzehn
1	eins	6	sechs	11	elf	16	sechzehn
2	zwei	7	sieben	12	zwölf	17	siebzehn
3	drei	8	acht	13	dreizehn	18	achtzehn
4	vier	9	neun	14	vierzehn	19	neunzehn

Übung 7 例にならって、次の計算をドイツ語で言ってみましょう。 1-54

○Wie viel ist 4 plus 3? – Das ist 7.　　4足す3はいくつですか。　−7です。
○Wie viel ist 8 minus 2? – Das ist 6.　　8引く2はいくつですか。　−6です。

1) 2＋3＝　　　2) 12＋4＝　　　3) 5＋13＝　　　4) 6＋8＝

5) 17−2＝　　　6) 14−11＝　　　7) 15−6＝　　　8) 12−9＝

7. 数詞：20以上

1-55

20	zwanzig	30	dreißig	90	neunzig
21	einundzwanzig	40	vierzig	100	hundert
22	zweiundzwanzig	50	fünfzig	1000	tausend
23	dreiundzwanzig	60	sechzig	10000	zehntausend
24	vierundzwanzig	70	siebzig		
25	fünfundzwanzig	80	achtzig		

Übung 8 例にならって、次の計算をドイツ語で言ってみましょう。 1-56

○Wie viel ist 4 mal 10? – Das ist 40.　　4掛ける10はいくつですか。　−40です。
○Wie viel ist 90 durch 3? – Das ist 30.　　90割る3はいくつですか。　−30です。

> ドイツでは掛け算の記号は„ ・ "、割り算の記号は„ : "となります。
>
> | | 日本式表記 | ドイツ式表記 |
> |---|---|---|
> | | 3×2 = 6 | 3・2 = 6 |
> | | 6÷2 = 3 | 6：2 = 3 |

1) 4・9＝　　　2) 5・12＝　　　3) 7・8＝　　　4) 12・2＝

5) 55：5＝　　　6) 60：5＝　　　7) 72：2＝　　　8) 81：9＝

Lektion 4

名詞の複数形　いろいろな冠詞　人称代名詞

1. 名詞の複数形

　名詞には複数形があります。複数形には大きく分けて1「単複同形」、2「-e型」、3「-(e)n型」、4「-er型」、5「-s型」という5つのパターンがあります。語尾の変化に加えて母音がウムラウトする場合もあり、どの語がどの複数形になるかは、名詞の性に関係しません。単語ごとに形を覚えましょう。

名詞の複数形のパターン　🔊 1-57

		ウムラウト無し	ウムラウト有り
1	単複同形	das Mädchen → **die** Mädchen	der Bruder → **die** Brüder
2	-e型	der Stift → **die** Stifte	der Arzt → **die** Ärzte
3	-(e)n型	die Schwester → **die** Schwester**n**	
4	-er型	das Kind → **die** Kind**er**	das Buch → **die** Büch**er**
5	-s型*	das Portmonee → **die** Portmonee**s**	

＊主に外来語で、複数3格のとき語尾に-nが付きません。

辞書の表記の例：

Haus　[haus]　中　　−es / ¨er

名詞の性　単数2格/ 複数1格

Übung 1 🅖 次の語を辞書で調べて、性と単数2格／複数1格、意味を確認したうえで複数形にしてみましょう。

z. B. Person 女　 − / −en（物事に対しての）人、人間

1) Vater　2) Mutter　3) Hotel　4) Straße　5) Baum　6) Haus

2. 定冠詞の格変化［複数］

　名詞は単数のときは性に応じて格変化をしましたが、複数形の格変化は共通です。3格で-nが付きます。1格で-nが付いていた語と-sが付く複数形には、3格の語尾は付きません。定冠詞の格変化は次のようになります。

単数1格		—	der Apfel	die Brille	das Etui
複数	1格	**die** Leute	**die** Äpfel	**die** Brillen	**die** Etuis
	2格	**der** Leute	**der** Äpfel	**der** Brillen	**der** Etuis
	3格	**den** Leuten	**den** Äpfeln	**den** Brillen	**den** Etuis
	4格	**die** Leute	**die** Äpfel	**die** Brillen	**die** Etuis

-nがつかない！

Übung 2 🅖 次の名詞を複数形にし、定冠詞を付けて格変化させましょう。

1) Buch　2) Auto　3) Frau　4) Kuchen　5) Stift　6) Nacht　7) Bruder

3. 定冠詞の格変化

定冠詞の格変化はこれで単複が出揃いました。下の表のようになります。

	男性名詞	女性名詞	中性名詞	複数
1格 「〜は」「〜が」	der ☐	die ☐	das ☐	die ☐
2格 「〜の」	des ☐ (e)s	der ☐	des ☐ (e)s	der ☐
3格 「〜に」	dem ☐	der ☐	dem ☐	den ☐ n
4格 「〜を」	den ☐	die ☐	das ☐	die ☐

4. 定冠詞類

定冠詞類の格変化は、下線の部分の語尾が共通になります。 🔊 1-58

☐ dieser	この	☐ aller	すべての・あらゆる	☐ jeder	どの…も・各々〈それぞれ〉の
☐ jener	あの	☐ welcher	どの?	☐ mancher	かなりの・相当数の

	男性名詞	女性名詞	中性名詞	複数
1格	dieser Mann	diese Frau	dieses Kind	diese Leute
2格	dieses Mann(e)s	dieser Frau	dieses Kind(e)s	dieser Leute
3格	diesem Mann	dieser Frau	diesem Kind	diesen Leuten
4格	diesen Mann	diese Frau	dieses Kind	diese Leute

5. 不定冠詞類

🔊 1-59

不定冠詞類 —— 所有冠詞

☐ mein 私の	☐ unser 私たちの
☐ dein 君の	☐ euer* 君たちの
☐ sein 彼の ☐ ihr 彼女の ☐ sein それの	☐ ihr 彼らの／彼女らの／それらの
☐ Ihr あなたの／あなたがたの	

*女性名詞と複数に付くときは „eur" となります。

—— 否定冠詞 ☐ kein ゼロの

	男性名詞	女性名詞	中性名詞	複数
1格	mein☒ Mann	meine Frau	mein☒ Kind	meine Kinder
2格	meines Mann(e)s	meiner Frau	meines Kind(e)s	meiner Kinder
3格	meinem Mann	meiner Frau	meinem Kind	meinen Kindern
4格	meinen Mann	meine Frau	mein☒ Kind	meine Kinder

☒：冠詞の語尾が付かないことを表しています

Lektion 4

Übung 3 **G** 次の語を格変化させましょう。

1) jeder Tag 　　 2) welches Hotel 　　 3) alle Leute 　　 4) dieser Kuchen

5) unser Kind 　　 6) seine Freundin 　　 7) eure Eltern 　　 8) Ihr Lehrer

Übung 4 **G** 日本語の意味と同じ文になるように、（　　）にふさわしい冠詞を書き入れましょう。

1) （　　　　　） Tochter isst gern （　　　　　） Gebäck.

　　　私たちの娘は、あなたの焼菓子を食べるのが好きです。　-s Gebäck 焼菓子

2) （　　　　　） Buch liest （　　　　　） Schwester?

　　　君の姉妹はどの本を読んでいるの？

3) （　　　　　） Bruder sieht gern （　　　　　） Film.

　　　私の兄弟は、あの映画を見るのが好きです。　-r Film 映画

4) （　　　　　） Mutter sucht den Schlüssel （　　　　　） eigenen Autos.

　　　君たちのお母さんは、自分の（彼女の）車の鍵を探しています。

5) （　　　　　） Schüler gibt （　　　　　） Lehrer （　　　　　） Hausaufgaben.

　　　それぞれの生徒は、彼らの先生に、彼らの宿題を出します。　-r Schüler 生徒　-r Lehrer 先生　Hausaufgaben Pl. 宿題

6. 人称代名詞の格変化

　人称代名詞は、これまでich（私は）、du（君は）など、1格（主語になる形）を学んできましたが、これらの語も格変化をします。ものや抽象的なことがらを表す名詞を代名詞で置き換える場合、英語では*it*を用いますが、ドイツ語では、それぞれの名詞の性・格・数に応じた人称代名詞が用いられます。

◀)) 1-60	単数					複数			単複同形
	1人称	2人称親称	3人称			1人称	2人称親称	3人称	2人称敬称
	私	君	彼 （男性名詞）	彼女 （女性名詞）	それ （中性名詞）	私たち	君たち	彼ら、彼女ら、それら	あなた （方）
1格	ich	du	er	sie	es	wir	ihr	sie	Sie
3格	mir	dir	ihm	ihr	ihm	uns	euch	ihnen	Ihnen
4格	mich	dich	ihn	sie	es	uns	euch	sie	Sie
2格	meiner	deiner	seiner	ihrer	seiner	unser	euer	ihrer	Ihrer

2格は現代のドイツ語ではほとんど使用されないため、当分は覚える必要はありません。

◀)) 1-61

<u>Mein Vater</u> heißt Thomas. → **Er** heißt Thomas. 　　<u>Sein Kugelschreiber</u> ist teuer. → **Er** ist teuer.
　男性1格　　　　　　　　　　男性1格　　　　　　　　　　　男性1格　　　　　　　　　　　　　男性1格

3・4格目的語の語順：

いずれかが名詞で、一方が代名詞の場合は、格に関係なく「代名詞・名詞」の順です。しかし両方とも代名詞の場合は「4格代名詞・3格代名詞」の順になります。

Ich gebe <u>meiner Freundin einen Ring</u>. → Ich gebe **ihr** einen Ring. 　　私は**彼女に**指輪をあげる。
　　　　　　女性3格　　　　男性4格　　　　　　　　　女性3格

　　　　　　　　　　　　　　　　　　　　 Ich gebe **ihn** meiner Freundin. 　　私は私のガールフレンドに**それを**あげる。
　　　　　　　　　　　　　　　　　　　　　　　　男性4格

　　　　　　　　　　　　　　　　　　　　 Ich gebe **ihn ihr**. 　　私は**それを彼女に**あげる。
　　　　　　　　　　　　　　　　　　　　　　　男性4格 女性3格

Übung 5 **G** 所属を表す表現を3つ練習しましょう。

	4格目的語 + haben	所有冠詞 + sein	人称代名詞3格 + gehören
z. B. -s Auto	Er hat ein Auto. _{4格} 彼は車を持っています。	Das ist **sein** Auto. _{所有冠詞1格} それは彼の車です。	Das Auto **gehört ihm**. _{1格}　　　_{人称代名詞3格} その車は彼に属します。
1) -r Ball			Der Ball gehört uns.
2) -r Schlüssel		.	Der Schlüssel gehört euch.
3) -r Rucksack		Das ist mein Rucksack.	
4) -e Uhr	Er hat eine Uhr.		
5) -r Kugelschreiber	.	Das ist Ihr Kugelschreiber.	
6) -s Fahrrad	Sie hat ein Fahrrad.		
7) -e Tasse		Das ist deine Tasse.	
8) -s Buch, -s/¨er	Sie hat Bücher.		

Lektion 4

Übung 6 下の図はLena Beckerさんの家族です。下線部にはふさわしい所有冠詞を、（　　）には選択肢からふさわしい名詞を選んで書き入れましょう。

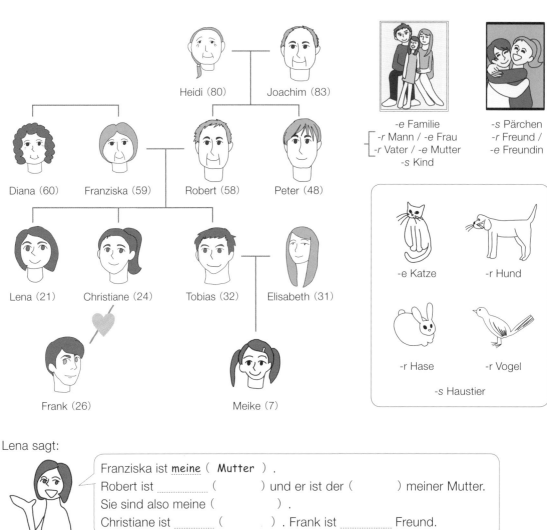

-e Familie
- -r Mann / -e Frau
- -r Vater / -e Mutter
- -s Kind

-s Pärchen
-r Freund /
-e Freundin

-e Katze　　　-r Hund

-r Hase　　　-r Vogel

-s Haustier

Lena sagt:

Franziska ist meine （　Mutter　）.
Robert ist ＿＿＿＿ （　　　　）und er ist der （　　　）meiner Mutter.
Sie sind also meine （　　　　）.
Christiane ist ＿＿＿＿ （　　　　）. Frank ist ＿＿＿＿ Freund.

Franziska und Robert sagen:

Tobias, Christiane und Lena sind ＿＿＿＿ Kinder.
＿＿＿＿ Sohn Tobias ist verheiratet.
＿＿＿＿ Tochter Christiane ist die （　　　）von* Frank.

*von ～の

| Mutter | Vater | Mann | Eltern | Schwester | Freundin |

いろいろな職業名 🔊 1-62

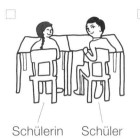

Schülerin　Schüler

Lehrer　Lehrerin

Arzt　Ärztin

Kellnerin　Kellner

Angestellte　Angestellter

Student　Studentin

Bauer　Bäuerin

Hausmann/Hausfrau

Verkäuferin　Verkäufer　Selbstständige
Selbstständiger

Polizeibeamter
Polizeibeamtin

Beamter　Beamtin

Was sind die Leute von Beruf?　この人々の職業は何でしょうか。

Joachim: Bauer　**Heidi:** Hausfrau

Diana: Ärztin　**Franziska:** Selbstständige und Hausfrau　**Robert:** Selbstständiger　**Peter:** Polizeibeamter

Lena: Studentin　**Christiane:** Angestellte　**Tobias:** Lehrer

Frank: Beamter　**Elisabeth:** Kellnerin　**Meike:** Schühlerin

---

[Übung 7]　🔊 Lenaさんの家族の誰か1人になってください。他の人は質問をして、誰か当ててみましょう。

Wie alt bist du?　　　　　　　　　　−Ich bin ＿＿＿＿＿ Jahre alt.

Hast du Geschwister?　　　　　　　　−Ja, ich habe … / Nein, ich habe keine Geschwister.

Was bist du von Beruf?　　　　　　　−Ich bin ＿＿＿＿＿＿＿＿.

Wie heißt dein Vater / deine Mutter / dein Kind …?

Bist du ＿＿＿＿＿?　　　　　　　　−Ja. / Nein.

Lektion 4

Übung 8 🖊 Lenaの家族たちがいろいろな機会に贈り物をします。例を参考に、作文してみましょう。

🔊 1-63

z. B. Robert kauft Meike als Souvenir ein Buch.

Wer? 誰が ／ Wem? 誰に		Wann? どんな機会に	Was? 何を	定動詞第2位

| z. B. |  Robert | Meike | als Souvenir | ein Buch | |

🔊 1-64

1)	 Lena	Peter	zu Weihnachten	Handschuhe	kaufen
2)	Tobias	Elisabeth	zum Geburtstag	eine Halskette	schenken
3)	Christiane	Tobias	zu Weihnachten	eine Krawatte	geben
4)	Frank	Christiane	zum Geburtstag	 einen Ring	bringen
5)	Lena	Diana	zu Weihnachten	einen Schirm	…
6)	Diana	Franziska	als Souvenir	Pralinen	

Übung 9 **G** **Übung 6** の答えの文を1) −3) の指示に従って書き変えましょう。

1) 「誰に」を固有名詞から所有冠詞+家族関係を表す名詞にしましょう。

Robert kauft <u>Meike</u> als Souvenir ein Buch.
⇨Robert kauft **seiner Enkeltochter** als Souvenir ein Buch.

2) 「誰に」を人称代名詞にしましょう。

Robert kauft <u>Meike</u> als Souvenir ein Buch.
⇨Robert kauft **ihr** als Souvenir ein Buch.

3) 「何を」を人称代名詞にしましょう。

Robert kauft Meike als Souvenir <u>ein Buch</u>.
⇨Robert kauft **es** Meike als Souvenir. （語順についてはS. 38参照）

Übung 10 ✐ 🔊 皆さんがいつ、誰に、どんな贈り物をするか、**Übung 8·9** を参考に作文してみましょう。また周りの人に、どのような贈り物をするか、尋ねてみましょう。 🔊 1-65

Was schenken Sie Ihrem Bruder zum Geburtstag? — Ich schenke ihm eine CD.
Was schenkst du deiner Mutter zu Weihnachten? — Ich gebe ihr eine Creme.

🔊 1-66

☐ -e Kappe

☐ -e Flasche Wein

☐ -e Creme

☐ -e CD

☐ -r Brief

☐ -r Schlüsselanhänger

☐ -s Handtuch

☐ -s Kuscheltier

☐ Socken Pl.

☐ Blumen Pl.

☐ -r Kuchen

☐ Kekse Pl.

いろいろな前置詞

1．前置詞の格支配

　前置詞は、名詞あるいは代名詞と組み合わせて用いられ、意味上のひとまとまりを構成します。それ
ぞれの前置詞は<u>特定の格と結びつきます</u>。これを**前置詞の格支配**といいます。🔊**1-67**

> **mit**：3格支配「…とともに」「…でもって」の場合
>
> mit ＋ mein Fahrrad　私の自転車　→　**mit** mein**em** Fahrrad　私の自転車でもって
> 中性3格
>
> **zu**：3格支配「…へ」
>
> 　　zu ＋ du　君　→　**zu dir**　君(のところ)へ
> 　　　　　　　人称代名詞duの3格
>
> ⇨　Mit meinem Fahrrad fährt Tobias zu dir.
>
> 　　　私の自転車でもってトビアスは君のところへ行きます。

2．3・4格支配の前置詞—9語

　3・4格の両方を支配することのできる前置詞は9語しかありません。ただし、どの格と結びついてい
るかによって意味が異なります。3格と結びついているときは、状態や場所を表しています。4格と結び
ついているときは、そこに向かって動きがあることを表現しています。

🔊**1-68**

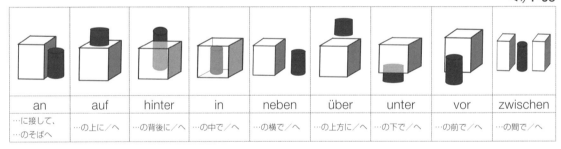

an	auf	hinter	in	neben	über	unter	vor	zwischen
…に接して、…のそばへ	…の上に／へ	…の背後に／へ	…の中で／へ	…の横で／へ	…の上方に／へ	…の下で／へ	…の前で／へ	…の間で／へ

> an
> auf
> hinter
> in　　　　　　＋3格　→　状態、場所−静止「…で」「…に」
> neben
> über
> unter　　　　＋4格　→　移動、方向−動的「…へ」
> vor
> zwischen

　先に3・4格両方を支配する9語の前置詞を学びましたが、それ以外は1つの格を支配する前置詞になります。ここでは、2格、3格、4格支配の順によく使われる語を紹介します。

2格支配の前置詞 🔊 1-69

statt	…の代わりに	statt des Geldes	お金の代わりに
trotz	…にもかかわらず	trotz der Krankheit	病気にもかかわらず
während	…の間ずっと	während der Sommerferien	夏休み（複数形）の間
wegen	…のゆえに	wegen des Umbaus	改築のために

3格支配の前置詞 🔊 1-70

aus	（内から）外へ、…から	aus Berlin	ベルリンから、ベルリン出身の
bei	…の近くに、…の際に	bei der Uni	大学の近くに
gegenüber	…の向かいに	gegenüber dem Hauptbahnhof	中央駅の向かいに
mit	…と一緒に、…でもって	mit dir	君と一緒に
nach	（中性地名）へ …の後に …によれば	nach Deutschland nach dem Unterricht nach dem Gesetz	ドイツへ 授業のあと 法律によれば
seit	…以来ずっと	seit zwei Jahren	2年前から
von	…から、…の	das Parlament von Deutschland	ドイツの議会
zu	…へ	zur Toilette	トイレへ （zur＝zu＋der）

4格支配の前置詞 🔊 1-71

durch	…を通って、…によって	durch den Park	公園を通って
für	…のために、…に賛成して	für seine Tochter	彼の娘のために
gegen	…に反対・対抗して	gegen diesen Plan	この計画に反対して
ohne	…なしで	ohne dich	君なしで（君がいなくて）
um	…をまわって、周りに	um das Haus	家のまわりに

　前置詞と定冠詞は、融合して1語になることがあります。融合形がよく使われるパターンで分けて書くと、名詞を強く特定していることになります。融合形には次のような語などがあります。

🔊 1-72

an＋dem→am	bei＋dem→beim	in＋dem→im	von＋dem→vom
an＋das→ans	durch＋das→durchs	in＋das→ins	zu＋dem→zum
auf＋das→aufs	neben＋das→nebens	über＋das→übers	zu＋der→zur

Lektion 5

1) Das Bild hängt _____ Wand.

2) Der Vorhang hängt _____ Fenster.
(→ _____)

3) Die Uhr hängt _____ Bild.

4) Die Lampe hängt _____ Tisch.

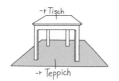

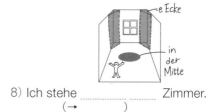

5) Das Kissen liegt _____ Sofa.

6) Jemand steht _____ Tür.

7) Der Teppich liegt _____ Tisch.

8) Ich stehe _____ Zimmer.
(→ _____)

9) Der Schrank steht _____ Bücherregal und _____ Kommode.

🔊 1-74

Wo findet man diese Sachen bei dir? 自分の家で次のものがどこにあるか表現してみましょう。

☐ -r Stecker

☐ -r Lichtschalter   ☐ -e Steckdose   ☐ -s Bett   ☐ -e Heizung   ☐ -e Klimaanlage

10) Er stellt den Stuhl _____ _____ Wand.

11) Der Vogel fliegt _____ _____ Haus.

12) Die Katze kommt _____ mich.

13) Die Katze geht _____ _____ Baum.

14) Der Mann stellt den Abfalleimer _____ _____ Tisch.

15) Das Auto fährt _____ _____ Haus.

16) Sie stellt den Teller _____ _____ Tisch.

17) Ich stecke das Geld heimlich _____ _____ Bücher.

18) Ich stelle die Lampe _____ _____ Ecke.

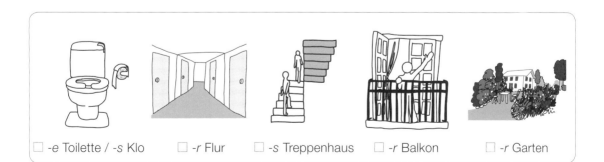

☐ -e Toilette / -s Klo   ☐ -r Flur   ☐ -s Treppenhaus   ☐ -r Balkon   ☐ -r Garten

前置詞と組み合わせて場所を示す表現

🔊 1-75

副詞	☐ rechts	右に	☐ oben	上に	☐ vorne	手前に
	☐ links	左に	☐ unten	下に	☐ hinten	奥に

🔊 1-76

動詞		
	... sein	（もの・人）が…にある・いる
	... stehen	（立てられるもの）が…にある
	... stellen	（立てられるもの）を…に置く
	... liegen	（横たわっているもの）が…にある
	... hängen	（掛けられるもの）が…にある／（人）が…に et.⁴を掛ける
	... et.⁴ finden	（人）が et.⁴ を…に見つける（→あるのがわかる）
	... et.⁴ sehen	（人）が et.⁴ を…に見る（→あるのがわかる）
	Es gibt ... et.⁴.	…に et.⁴がある（**Vgl.** Lektion 9, S. 81）

Übung 2 🖊 自分の部屋の絵を書いて、ドイツ語で家具の配置を説明してみましょう。

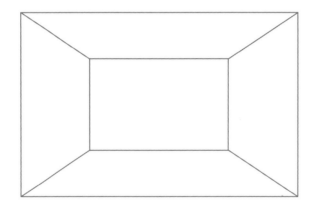

応用編 2人でペアになります。1人が自分の部屋の説明を読み上げましょう。もう1人は、その説明の通り絵を書いてみましょう。最後に2人の絵を比較します。同じような部屋になるでしょうか。

Übung 3 **G** 次の1）−21）の場所について、a）「…にいる」、b）「…へ行く」の表現を練習してみましょう。

z. B.

a) 🔊 1-77 b) 🔊 1-78

a) Wo bist du?　　　 ─Ich bin **im Schloss.**

b) Wohin gehst du?　─Ich gehe **ins Schloss.**

　　　　　　　　　　　　　zum Schloss.

　Wohin fährst du?　─Ich fahre **nach Deutschland.**

a) in
b) in / zu　} -s Schloss

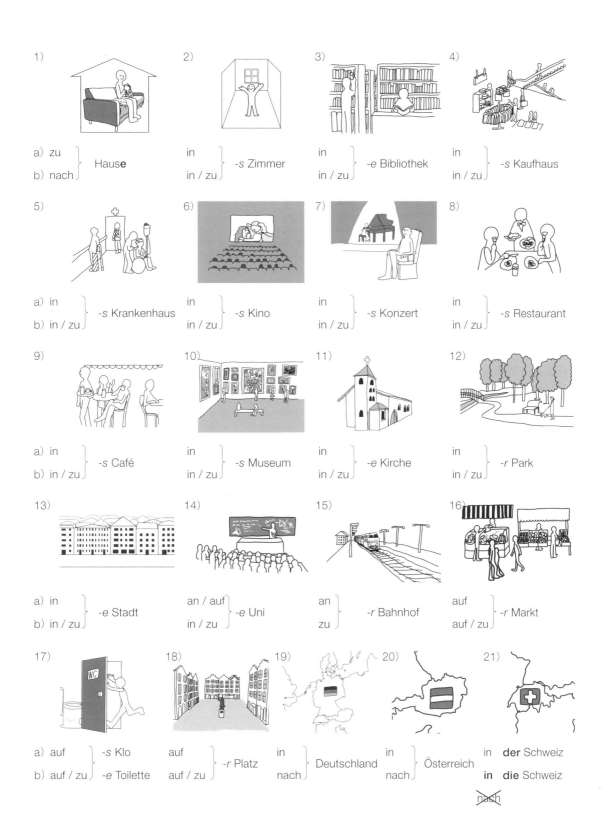

1)
a) zu
b) nach } Haus**e**

2)
in
in / zu } *-s* Zimmer

3)
in
in / zu } *-e* Bibliothek

4)
in
in / zu } *-s* Kaufhaus

5)
a) in
b) in / zu } *-s* Krankenhaus

6)
in
in / zu } *-s* Kino

7)
in
in / zu } *-s* Konzert

8)
in
in / zu } *-s* Restaurant

9)
a) in
b) in / zu } *-s* Café

10)
in
in / zu } *-s* Museum

11)
in
in / zu } *-e* Kirche

12)
in
in / zu } *-r* Park

13)
a) in
b) in / zu } *-e* Stadt

14)
an / auf
in / zu } *-e* Uni

15)
an
zu } *-r* Bahnhof

16)
auf
auf / zu } *-r* Markt

17)
a) auf } *-s* Klo
b) auf / zu } *-e* Toilette

18)
auf
auf / zu } *-r* Platz

19)
in
nach } Deutschland

20)
in
nach } Österreich

21)
in **der** Schweiz
in die Schweiz
~~nach~~

Übung 4 **G** 日本語訳を参考に、全体の意味を考慮して＿＿＿に適切な前置詞を書き入れましょう。

1）Er fährt ＿＿＿＿＿ dem Flugzeug.

彼は飛行機で行きます。

2）Der Zug fährt ＿＿＿＿＿ Otaru ＿＿＿＿＿ Sapporo.

その電車は小樽から札幌まで行きます。

3）Seine Frau kommt ＿＿＿＿＿ Frankfurt.

彼の奥さんはフランクフルト出身です。

4）Er sitzt in ＿＿＿＿＿（→ ＿＿＿＿＿）Garten.

彼は庭に座っています。

5）＿＿＿＿＿ dich kaufe ich ein Geschenk.

君のために贈り物を買うね。

6）＿＿＿＿＿ den Baum laufen die Kinder.

木の周りを子どもたちが走っている。

7）＿＿＿＿＿ einer Woche ist sie ＿＿＿＿＿ der Schweiz.

彼女は一週間前からスイスにいる。

8）＿＿＿＿＿ des Regens kommt sie ＿＿＿＿＿ Schirm.

雨にもかかわらず、彼女は傘なしで来ます。

9）＿＿＿＿＿ der Uni gibt es einen Supermarkt.

大学の向かいに、スーパーがあります。

10）Man findet eine Toilette ＿＿＿＿＿ dem Haus.

（人は）トイレを建物の後ろに見つけます。

11）＿＿＿＿＿ dem（→ ＿＿＿＿＿）Fest besuchen viele Leute die Stadt.

お祭りの際に、たくさんの人が町を訪れます。

12）Brigitte schreibt immer ＿＿＿＿＿ diesem Kugelschreiber.

ブリギッテはいつもこのボールペンで書きます。

13）＿＿＿＿＿ den Tunnel fährt das Auto.

トンネルを通って自動車は走ります。

14）＿＿＿＿＿ wem kommst du ＿＿＿＿＿ der（→ ＿＿＿＿＿）Party?

君は誰とパーティーに来るのですか。

15）＿＿＿＿＿ seine Familie arbeitet der Junge viel.

家族のために、その少年はたくさん働いています。

16）＿＿＿＿＿ uns ist es im Winter kalt.

私たちのところでは、冬は寒い。

17）Ich bin völlig ＿＿＿＿＿ seine Meinung.　　völlig すっかり

私は彼とはまったく反対意見です。

18）Bitte gehen Sie ＿＿＿＿＿ der Ecke rechts!

角を右に曲がってください。

19）Ist das Mineralwasser ＿＿＿＿＿ oder ＿＿＿＿＿ Kohlensäure?

そのミネラルウォーターは炭酸入りですか、無しですか。

20）Der Junge zeigt mir den Weg ＿＿＿＿＿ dem（→ ＿＿＿＿＿）Bahnhof.

その少年は私に駅への道を示します。

Lektion 5で学んだ前置詞26語 🔊 1-79

	支配する格		
☐ an	3・4格	…に接して、そばへ	Das Bild hängt an der Wand. Man hängt das Bild an die Wand.
☐ auf	3・4格	…の上に／へ	Die Katze schläft auf dem Tisch. Die Katze springt auf den Tisch.
☐ aus	3格	(内から) 外へ、…から	Seine Mutter kommt aus Berlin.
☐ bei	3格	…の近くに、…の際に	Bei uns ist es immer so.
☐ durch	4格	…を通って、…によって	Durch den Park kommt man schnell zum Bahnhof.
☐ für	4格	…のために、…に賛成して	Der Autor schreibt für seine Tochter dieses Buch.
☐ mit	3格	…と一緒に、…でもって	Manfred isst gern mit dir.
☐ gegen	4格	…に反対・対抗して	Euer Lehrer ist immer noch gegen diesen Plan.
☐ gegenüber	3格	…の向かいに	Der Supermarkt ist gegenüber dem Hauptbahnhof.
☐ hinter	3・4格	…の背後に／へ	Das Auto steht hinter dem Haus. Das Auto fährt hinter das Haus.
☐ in	3・4格	…の中で／へ	Mein Kind liegt im Bett. / Mein Kind geht ins Bett.
☐ nach	3格	(中性地名) へ …の後に …によれば	Dieser Student fährt nach Deutschland. Nach dem Unterricht geht Paul in die Mensa. Diese Handlung ist nach dem Gesetz nicht erlaubt.
☐ neben	3・4格	…の横で／へ	Neben mir sitzt die Studentin. Neben mich stellt die Studentin ihre Tasche.
☐ ohne	4格	…なしで	Ohne dich ist mein Leben langweilig.
☐ seit	3格	…以来ずっと	Helena und ich lernen seit diesem Frühling Französisch.
☐ statt	2格	…の代わりに	Er gibt seinem Sohn statt des Geldes einen Brief.
☐ trotz	2格	…にもかかわらず	Bettina kommt trotz der Krankheit zum Unterricht.
☐ über	3・4格	…の上方に／へ	Über dem Tisch hängt die Lampe. Man hängt die Lampe über den Tisch.
☐ um	4格	…をまわって、周りに	Um unser Haus gibt es einen Garten.
☐ unter	3・4格	…の下で／へ	Ich stehe unter einem Dach. / Ich laufe unter das Dach.
☐ von	3格	…から、…の	Der Bundestag ist das Parlament von Deutschland.
☐ vor	3・4格	…の前で／へ	Vor dem Gebäude steht das Auto. Vor das Gebäude fährt das Auto.
☐ während	2格	…の間ずっと	Paul schläft während den drei Feiertage.
☐ wegen	2格	…のゆえに	Wegen Umbaus ist das Restraurant geschlossen.
☐ zu	3格	…へ	Unser Arzt kommt zuerst zu Ihnen.
☐ zwischen	3・4格	…の間で／へ	Der Tisch steht zwischen dem Fenster und dem Sofa. Den Tisch stellt man zwischen das Fenster und das Sofa.

Lektion 5

時刻の表現　分離動詞　命令形

1. 時刻の表現

　ドイツ語の時刻の表現には、駅などの公共の場で用いられる24時間制と、日常生活でしばしば用いられる12時間制の2種類があります。

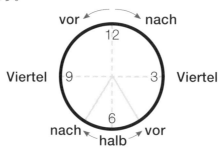

時刻 ◀》) 1-80 **24時間制**

時間	Uhr	分

13.05 Uhr	dreizehn Uhr fünf
14.10 Uhr	vierzehn Uhr zehn
15.15 Uhr	fünfzehn Uhr fünfzehn
18.30 Uhr	achtzehn Uhr dreißig
20.45 Uhr	zwanzig Uhr fünfundvierzig
21.50 Uhr	einundzwanzig Uhr fünfzig
22.55 Uhr	zweiundzwanzig Uhr fünfundfünfzig

12時間制

分	前置詞など	時間

fünf **nach** eins

zehn **nach** zwei

Viertel **nach** drei

halb sieben

Viertel **vor** neun

zehn **vor** zehn

fünf **vor** elf

時刻の表現にしばしば用いられる前置詞

um 10.40 Uhr	10時40分に	**gegen** 11 Uhr	11時頃
von 8 Uhr	8時から	**bis** 16.30 Uhr	16時半まで

時刻を問う疑問文 ◀》) 1-81

Wie viel Uhr ist es? = **Wie spät ist es?**　− Es ist fünf nach zwei.
何時ですか。　　　　　　　　　何時ですか。　　　　　　　2時5分です。

Um wie viel Uhr endet das Konzert?　=　**Wann** endet das Konzert?
何時にコンサートは終わりますか。　　　　　　いつコンサートは終わりますか。

　− Um 9 Uhr endet es.
　　9時に終わります。

Übung 1 **G** 次の時刻を24時間制、12時間制の両方で表現してみましょう。

1) 6.50 Uhr（morgens）　2) 9.15 Uhr（morgens）　3) 12.30 Uhr（am Tag）　4) 16.48 Uhr

Übung 2 **G** Beschreiben Sie den Alltag von Heinrich Müller. (Teil 1)

ハインリヒ・ミュラー君の日常を例にならってドイツ語で書いてみましょう。（前編）

🔊)) 1-82

z. B. Heinrich frühstückt <u>um sechs Uhr fünfundvierzig</u>.　ハインリヒは6時45分に朝食をとる。

6.45 Uhr
das Frühstück essen
= frühstücken

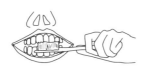

7.30　Uhr
Zähne putzen

8.05 Uhr
die Wohnung verlassen

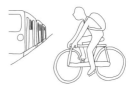

8.05 - 8.13 Uhr
mit dem Fahrrad
　　zum Bahnhof fahren

8.15 Uhr
den Zug nehmen

9.00 Uhr
der Unterricht ／
　　beginnen

12.10 Uhr
mit den Freunden
　　zu Mittag essen

13.00 - 14.20 Uhr
in der Bibliothek lernen

14.45 - 16.00 Uhr
Tennis spielen

16.30 - 19.30 Uhr
im Café jobben

20.10 - 20.30 Uhr
zu Abend essen

22.15 Uhr
duschen

22.30 - 23.00 Uhr
im Internet surfen
　　und die Mails checken

23.15 Uhr
ins Bett gehen

　分離動詞は、**前綴りと基礎となる動詞**から構成された動詞です。不定詞では1語ですが、文中では前綴りだけが分離して文末におかれます。そのため2語に見えますが、意味をとるときや辞書を引くときは、不定詞に戻して考えなくてはなりません。動詞の要素が文中で第2位と文末におかれ、文全体を挟み込むような構造になることを、**枠構造**（Rahmenstruktur）といいます。

分離動詞の使い方

auf|stehen
前綴り　基礎となる動詞

Um halb sieben steht er jeden Morgen auf.
❷　　　　　　　枠構造　　　　文末

・前綴りは分離して文末におかれる
・基礎となる動詞は定動詞第2位の位置におかれ、従来通りの人称変化をする
　→**枠構造**を構成する

Übung 3 **G** _____ に（　　）内の動詞を適切に現在人称変化させて書き入れましょう。

1) Bald _____ der ICE _____. （ab|fahren）

2) Der Vortrag _____ um 9 Uhr _____. （an|fangen）

3) Um 10 Uhr _____ mein Vater am Bahnhof _____. （an|kommen）

4) Karl _____ seinen Onkel _____. （an|rufen）

5) Maria _____ das Fenster _____. （auf|machen）

6) Jeden Tag _____ ich um 7 Uhr _____. （auf|stehen）

7) Im Herbst _____ das Fest _____. （statt|finden）

8) Mario _____ blass _____. （aus|sehen）

9) Wie _____ man dieses Wort _____? （aus|sprechen）

10) Am Samstag _____ wir in der Stadt _____. （ein|kaufen）

11) Anna _____ ihn zum Abendessen _____. （ein|laden）

12) Heute _____ der Unterricht _____. （aus|fallen）

13) Was _____ du im Sommer _____? （vor|haben）

14) Seine Schwester _____ das Frühstück _____. （vor|bereiten）

15) Der Erfolg des Festes _____ vom Wetter _____. （an|hängen）

★よく使われる分離動詞 🔊 1-83

☐ auf|stehen	起き上がる、立ち上がる	☐ an|machen	（スイッチなどを）つける
☐ an|rufen	(jn.に)電話を掛ける	☐ aus|machen	（スイッチなどを）消す
☐ fern|sehen	テレビを見る	☐ an|melden	申し込む、申請する
☐ vor|haben	予定している、計画している	☐ durch|führen	実行・実施する
☐ ab|fahren	出発する	☐ aus|sprechen	発音する、口に出す
☐ an|kommen	到着する	☐ auf|passen	auf jn./et.⁴に注意を払う
☐ an|fangen	始める ＝beginnen	☐ ab|reisen	（旅行で）出発する、発つ
☐ teil|nehmen	an et.³に参加する	☐ ab|schicken	（郵便などを）発送する
☐ mit|bringen	持ってくる、連れてくる	☐ bei|bringen	教えこむ
☐ mit|kommen	一緒にくる	☐ an|ziehen	（衣類を）身につける
☐ mit|nehmen	携行する、持って帰る	☐ aus|ziehen	（衣類を）脱ぐ、家を退去する
☐ aus|sehen	（…のように）見える	☐ ein|ziehen	（建物などに）入る、入居する
☐ ein|kaufen	買い物する	☐ um|ziehen	着替える、引っ越しする
☐ ein|laden	招待する	☐ zu|hören	et.³を注意深く聞く
☐ auf|hören	止める	☐ aus|fallen	（集会などが）中止になる
☐ statt|finden	（行事などが）開催される	☐ zurück|geben	返す
☐ zurück|kommen	帰ってくる	☐ ab|geben	提出する、公付する
☐ ab|hängen	von et.³に依存する、次第である	☐ zurück|fahren	（乗り物で）帰る
☐ vor|bereiten	準備する	☐ zurück|bleiben	後に残る、後ろに下がる
☐ vor|stellen	紹介する、想像する	☐ ein|schlafen	寝入る
☐ auf|machen	開ける ＝öffnen	☐ auf|wachen	目が覚める
☐ zu|machen	閉める ＝schließen	☐ fest|halten	（取手などに）つかまる
☐ ein|steigen	（乗り物に）乗り込む	☐ auf|räumen	片付ける ＝putzen
☐ aus|steigen	（乗り物から）降りる	☐ mit|teilen	jm.にet.⁴を知らせる
☐ um|steigen	（乗り物を）乗り換える	☐ um|drehen	回転させる、回す
☐ ab|holen	受け取りに行く、迎えに行く	☐ ab|biegen	（道を）曲がる
☐ vor|schlagen	提案する	☐ nach|schlagen	（…を辞書で）調べる
☐ ab|lehnen	拒否する	☐ weh|tun	（身体が）痛む
☐ zu|nehmen	増える	☐ zusammen|fassen	要約する
☐ ab|nehmen	減る、取る	☐ an|nehmen	受け取る

Übung 4 **G** Beschreiben Sie den Alltag von Heinrich Müller. (Teil 2)
ハインリヒ・ミュラー君の一日をドイツ語で書いてみましょう。（後編）🔊 1-84

z. B. Heinrich **steigt** um acht Uhr dreißig aus dem Zug **aus**.　ハインリヒは8時30分に電車から降りる。
　　　　　　 ❷　　　　　　　　　　 枠構造　　　　　　　 文末

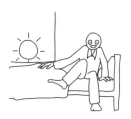

6.30 Uhr
auf|stehen

7.45 Uhr
den Schlafanzug aus|ziehen
und das Hemd an|ziehen

8.00 Uhr
von zu Hause los|gehen
= das Haus verlassen

8.15 Uhr
in den Zug ein|steigen

8.45 Uhr
an der Uni an|kommen

9.00 Uhr
der Unterricht
　an|fangen = beginnen

10.40 - 12.10 Uhr
am Seminar teil|nehmen

14.45 - 16.00 Uhr
am Training des Vereins
teil|nehmen

20.00 Uhr
nach Hause
　zurück|kommen

20.30 - 22.00 Uhr
fern|sehen

Übung 5 ✐ **Übung 2, 4** の表現を参考にして、自分の日常の活動を時刻の表現とともにドイツ語で表現してみましょう。

3. 命令形と1人称複数（wir）への勧誘表現

　命令形は、命令する相手にどの2人称を用いて話すか、つまり、
①Sie（敬称単・複「あなた」「あなた方」）、②ihr（親称複数「君たち」）、③du（親称単数「君」）
のどれかによって動詞の変化が異なります。duに対しては、幹母音がe→i, ieに変化する動詞で、変化
した語幹を用いてつくられます。また、④1人称複数（wir）への勧誘表現は「～しましょう」という意
味になります。これら①～④の時に、分離動詞は、前綴りが分離して文末におかれます。

◀)) **1-85**　　　　　nicht so schnell fahren　　mich am Abend an|rufen　　　das Buch lesen

	nicht so schnell fahren	mich am Abend an|rufen	das Buch lesen
①Sieに対して [不定詞] Sie ... !	Fahren Sie 　nicht so schnell!	Rufen Sie mich 　am Abend an!	Lesen Sie das Buch!
②ihrに対して 語幹＋t ... !	Fahrt nicht so schnell!	Ruft mich am Abend an!	Lest das Buch!
③duに対して 語幹（＋e）... ! （ただし幹母音がe→i, ie に変化するときは、変 化した語幹）	Fahr nicht so schnell!	Ruf mich am Abend an!	Lies das Buch!
④wirに対して [不定詞] wir ...!	Fahren wir 　nicht so schnell!	Rufen wir uns 　am Abend an!	Lesen wir das Buch!

★seinの命令形：seinには命令形に特別な形があります。 ◀)) **1-86**

realistisch sein　① **Seien Sie** realistisch!

② **Seid** realistisch!

③ **Sei** realistisch!

④ **Seien wir** realistisch!

Übung 6 次の不定詞句を、いろいろな相手に対する命令形にして言ってみましょう。 🔊 1-87

z. B.

☐ die Musik hören

Hören Sie **mal** die Musik!
Hört **mal** die Musik!
Hör **mal** die Musik!
Hören wir **mal** die Musik!

命令形とともにしばしば用いられる副詞

bitte 「お願い」：命令を丁寧にします。
doch 「ねぇ」： 軽く念押しするように強調します。
mal 「ちょっと」：命令を軽くお願いする感じにします。

これらの副詞は、動詞の語順に抵触しない範囲で、自由に付け加える
ことができます。

🔊 1-88

☐ viel lernen

☐ nicht rauchen

☐ hierher kommen
（zur Tafel）

☐ still sein

☐ ein Lied singen

☐ das Licht an|machen
☐   aus|machen

☐ auf|stehen

☐ mir meine DVD
zurück|geben

☐ nach Hause
zurück|kommen

☐ auf|hören

☐ nicht so viel
essen

☐ Platz nehmen

☐ laut sprechen

☐ mir helfen

das Fenster
☐ auf|machen = öffnen
☐ zu|machen = schließen

das Essen
☐ aus dem Kühlschrank nehmen
☐ in den Kühlschrank stellen

ein Buch
☐ aus dem Bücherlegal nehmen
☐ ins Bücherregal stellen

Übung 7 Lena Beckerさんが住居付近の地図を示しています。地図を見て1）、2）に答えましょう。

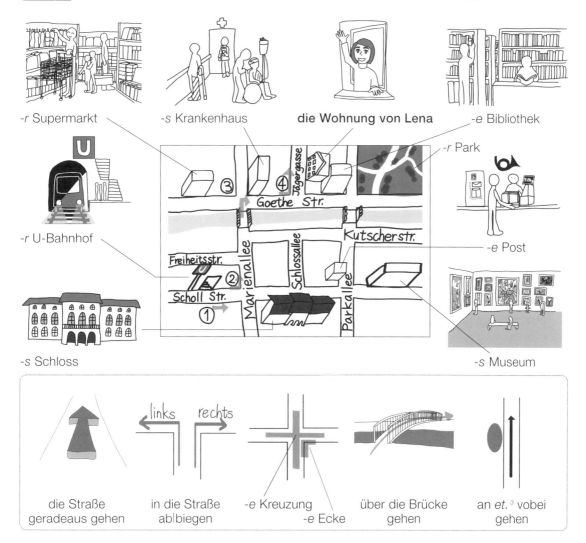

-r Supermarkt　　-s Krankenhaus　　**die Wohnung von Lena**　　-e Bibliothek

-r Park

-r U-Bahnhof

Goethe Str.

Jägergasse

Kutscherstr.

-e Post

Freiheitsstr.

Marienallee

Schlossallee

Parkallee

Scholl Str.

-s Schloss　　　　　　　　　　　　　　　　　　　-s Museum

die Straße geradeaus gehen	in die Straße abIbiegen	-e Kreuzung / -e Ecke	über die Brücke gehen	an *et.*³ vobei gehen

links　rechts

1）Wie kommt man vom U-Bahnhof zu Lena? Beschreiben Sie den Weg.

　矢印①─④に従って地下鉄駅からLenaさんの住居までの道案内をしましょう。

　① hier links gehen

　② links in die Marienallee abbiegen

　③ über die Brücke und rechts in die Goethe Straß gehen

　④ links in die Jägergasse abbiegen

　Dann finden Sie rechts die Wohnung von Lea.

2）次の道案内をしましょう。

　a. vom Krankenhaus zum Museum

　b. vom Schloss zur Bibliothek

　c. vom Supermarkt zur Post

Lektion 7　再帰代名詞　話法の助動詞

1. 再帰代名詞

　再帰代名詞は、主語と同じものを指す代名詞です。目的語になる代名詞ですので、それぞれ文意に合わせて、3格か4格のいずれかで用いられます。主語が複数のときは「おたがいに」「相互に」という意味になります。

　主語と格に応じて形が変わり、1人称と2人称では、単数・複数ともに人称代名詞と同じ形になります。3人称および敬称Sieでは、単数・複数ともにすべてsichとなります。

再帰代名詞　　　　　　　　　　　　　　　　　　　　　　　　　　　　　　　🔊 2-01

	単数			複数			単・複同形
	1人称	2人称	3人称	1人称	2人称	3人称	敬称
3格	mir	dir	**sich**	uns	euch	**sich**	**sich**
4格	mich	dich	**sich**	uns	euch	**sich**	**sich**

Vgl. 人称代名詞

	単数					複数			単・複同形
	1人称	2人称	3人称			1人称	2人称	3人称	敬称
3格	mir	dir	ihm	ihr	ihm	uns	euch	ihnen	Ihnen
4格	mich	dich	ihn	sie	es	uns	euch	sie	Sie

🔊 2-02

　　　Mein Bruder kauft **sich** einen Pullover.　私の兄弟は、自分にセーターを買う。
Vgl. Mein Bruder kauft *ihm* einen Pullover.　私の兄弟は、彼（主語以外の人物）にセーターを買う。
　　　Die Mutter wäscht **sich** die Hände.　母親は、自分の手を洗う
Vgl. Die Mutter wäscht *ihr* die Hände.　母親は、彼女（主語以外の人物）の手を洗う。
　　　Die Leute begrüßen **sich**.　人々はおたがいにあいさつする。

2. 再帰動詞

　再帰代名詞と一緒に用いられ、1つの意味をなす動詞を再帰動詞と言います。辞書では „sich für et.⁴ interessieren"というように、再帰代名詞は „sich"の形で表記されていますので、主語に応じて変化させて用います。

🔊 2-03

*sich*⁴ für *et.*⁴ interessieren　　→ Ich interessiere **mich** für Musik.　私は音楽に興味がある。
*sich*⁴ auf *et.*⁴ freuen　　　　　→ Wir freuen **uns** auf die Sommerferien.　私たちは夏休みを楽しみにしている。
*sich*⁴ bedienen　　　　　　　　→ Bitte bedienen Sie **sich**!　どうぞご自分でお取りください！

★よく使われる再帰動詞

	意味		意味
□ *sich*⁴ an *et.*⁴ erinnern	*et.*⁴を思い出す	□ *sich*⁴ über *et.*⁴ ärgern	*et.*⁴に腹を立てる
□ *sich*⁴ mit *jm.* unterhalten	*jm.*と談笑する	□ *sich*⁴ für *et.*⁴ entscheiden	*et.*⁴に決める、決心する
□ *sich*⁴ mit *et.*³ beschäftigen	*et.*³に従事する、取り組む	□ *sich*⁴ an *et.*³ gewöhnen	*et.*³に慣れる
□ *sich*⁴ für *et.*⁴ interessieren	*et.*⁴に興味がある	□ *sich*⁴ setzen	座る
□ *sich*⁴ auf *et.*⁴ freuen	*et.*⁴を楽しみにする	□ *sich*⁴ beeilen	急ぐ
□ *sich*⁴ über *et.*⁴ freuen	*et.*⁴を嬉しく思う	□ *sich*⁴ schämen	恥じる
□ *sich*⁴ um *et.*⁴ kümmern	*et.*⁴に関わる、面倒を見る、世話をする	□ *sich*⁴ um|ziehen	着替える
□ *sich*⁴ um *et.*⁴ sorgen	*et.*⁴を心配する	□ *sich*⁴ schminken	化粧をする
□ *sich*⁴ *jm.* vor|stellen	*jm.*に自己紹介をする	□ *sich*⁴ rasieren	ひげをそる
□ *sich*³ *et.*⁴ vor|stellen	*et.*⁴を想像する	□ *sich*⁴ bedienen	セルフサービスする

Lektion 7

Übung 1 **G** 日本語訳と同じ文意になるように、（　　）内にふさわしい語を書き入れましょう。

1) Wer interessiert（　　　　　　）nicht für Politik?　誰が政治に興味がないのでしょうか。

2) Der Mann（　　　　　　）sich mit Philosophie.　その男性は、哲学に取り組んでいる。

3) Bitte（　　　　　　）Sie sich, Herr Wagner!　ヴァーグナーさん、どうぞお座りください。

4) （　　　　　　）du dich noch（　　　　　）jenes Ereignis?
   君はあの出来事をまだ覚えているかい。

5) Kinder, beeilt（　　　　　　）! Sonst fährt der Zug ab.
   子どもたち急いで！さもなくば電車が出ちゃうよ。

6) Ich stelle（　　　　　　）die Situation vor.
   私は状況を想像した。

7) Wir（　　　　　　）uns über die Politiker.　私たちは政治家たちに腹を立てている。

8) Der Junge kann sich nur schwer（　　　　　　）.　その少年は、なかなか決心がつかない。

9) Ich（　　　　　）mich（　　　　　）Ihren Besuch.
   私は、あなたが来て下さるのを楽しみにしています。

10) Seine Kinder（　　　　　　）sich（　　　　　）das Geschenk.
   彼の子どもたちは、プレゼントを喜んでいる。

応用編 再帰動詞に次の単語を当てはめて、文をつくってみましょう。 ◀)) **2-04**

□ *-e* Politik	政治	□ *-e* Geschichte	歴史	□ *-e* Natur	自然
□ *-e* Wissenschaft	学問	□ *-e* Gegenwart	現代	□ *-e* Umwelt	環境
□ *-e* Kunst	芸術	□ *-e* Zukunft	未来	□ *-e* Mode	流行

話法の助動詞は、これまで学習してきた現在形の文と組み合わせて用いることができます。下の表のように6 種類（＋その変形 1 種類）があります。話法の助動詞も主語に応じて人称変化をし、定動詞として文章の 2 番目の要素となります。一方それまで定動詞第2位で人称変化して用いられていた動詞は不定詞にもどり、文章の末尾におかれ、話法の助動詞と枠構造を構成します。

話法の助動詞		können	müssen	wollen	sollen	dürfen	mögen	möchte*
意味		可能 …できる	必要 …ねばならない	意志 …したい するつもりである	主語以外の意志 …べきである →命令	許可 …してもよい （否定で）禁止	推量 …かもしれない	丁寧な願望 …したいものだ
単数	ich	kann	muss	will	soll	darf	mag	möchte
	du	kannst	musst	willst	sollst	darfst	magst	möchtest
	er/sie/es/man…	kann	muss	will	soll	darf	mag	möchte
複数	wir	können	müssen	wollen	sollen	dürfen	mögen	möchten
	ihr	könnt	müsst	wollt	sollt	dürft	mögt	möchtet
	sie	können	müssen	wollen	sollen	dürfen	mögen	möchten
単複	Sie	können	müssen	wollen	sollen	dürfen	mögen	möchten

*möchte は厳密に言うと、mögen の接続法Ⅱ式という形です。そのために人称変化がほかとは若干違っています。しかしよく用いられるので、まとめて覚えてしまいましょう。

◀)) 2-05

Am Montag stehe ich früh auf.　＋　müssen
　　　　　　　　❷
　　　　　　　枠構造（分離動詞）

➡　Am Montag muss ich früh aufstehen.　分離動詞は前綴りと再結合する！
　　　　　　　　　　　❷
　　　　　　　　　　枠構造
　　月曜日に私は早く起きなければ**ならない**。

Übung 2 🔊 Was möchten Sie trinken oder essen?　1）、2）について 質問して、答えましょう。

1）それを食べたり飲んだりしたいですか。　　　　　　　　　　　　　　　　　◀)) 2-06
　　Möchten Sie Milch trinken?　—　Ja, ich möchte Milch trinken.
　　Möchtest du Bier trinken?
　　　—　Nein, ich möchte kein Bier trinken. Ich darf noch keinen Alkohol trinken.

2）何が飲みたいですか、食べたいですか。
　　Was möchten Sie trinken?　—　Ich möchte einen Kaffee trinken.
　　Was möchtest du essen?　—　Ich möchte Kekse essen.

☐ -s Bier

☐ -r Wein

☐ -r Kaffee

☐ -r Tee

☐ -r Apfelsaft

☐ -r Orangensaft

☐ -e Limonade

☐ -e Cola

☐ -s Mineralwasser

☐ -s Leitungswasser

☐ -e Milch

☐ -e Wurst

☐ -e Brezel
☐ -s Brot

☐ -r Kuchen
☐ -e Torte

☐ -r Döner
☐ -r Dönerkebab

☐ -r Salat

☐ -e Pizza

☐ -e Suppe

☐ -r Apfel

☐ -s Eis

☐ -r Käse*

☐ Kekse *Pl.*

☐ Pommes frites *Pl.*

☐ Spaghetti *Pl.*

☐ Bratkartoffeln *Pl.*

*肯定文では無冠詞、否定文では否定冠詞を用います

食品に関係する形容詞：☐ lecker おいしい　☐ süß あまい　☐ bitter にがい　☐ heiß 熱い・辛い　☐ sauer 酸っぱい
☐ salzig 塩辛い

Lektion 7

Übung 3 🗣️ Was können Sie gut?　1）、2）について 質問して、答えましょう。 🔊 2-08

1）それを（上手に）することはできますか。質問して、答えましょう。

　　Können Sie gut kochen?　—　Nein, ich kann nicht gut kochen, aber ich koche gern.

　　Kannst du Koreanisch sprechen?　—　Ja, ich kann Koreanisch sprechen.

2）何が上手にできますか 。

　　Was kannst du gut?　—　Ich kann gut schwimmen.

🔊 2-09

☐ kochen

☐ Geige spielen

☐ Gitarre spielen

☐ Klavier spielen

☐ auf Deutsch Briefe
　schreiben

☐ tanzen

☐ reiten

☐ reden

☐ Deutsch
　sprechen

☐ Französisch
　sprechen

☐ Englisch
　sprechen

☐ Chinesisch
　sprechen

☐ Koreanisch
　sprechen

☐ Spanisch
　sprechen

☐ Russisch
　sprechen

☐ Japanisch
　sprechen

☐ hoch springen

☐ schnell laufen

☐ Tennis
　spielen

☐ Basketball
　spielen

☐ Fußball
　spielen

☐ Baseball
　spielen

☐ Volleyball
　spielen

☐ Federball
　spielen

Übung 4 🔊 Was kann man da machen? Was möchten Sie da machen?

いろいろな季節で、どんなことができますか。また、どんなことがしたいですか。🔊 2-10

Was möchten Sie im Sommer machen? — Ich möchte schwimmen.

Was kann man im Herbst machen? — Man kann auf einen Berg steigen.

Was kann man im Winter machen? — Man kann in einer heißen Quelle baden.

🔊 2-11

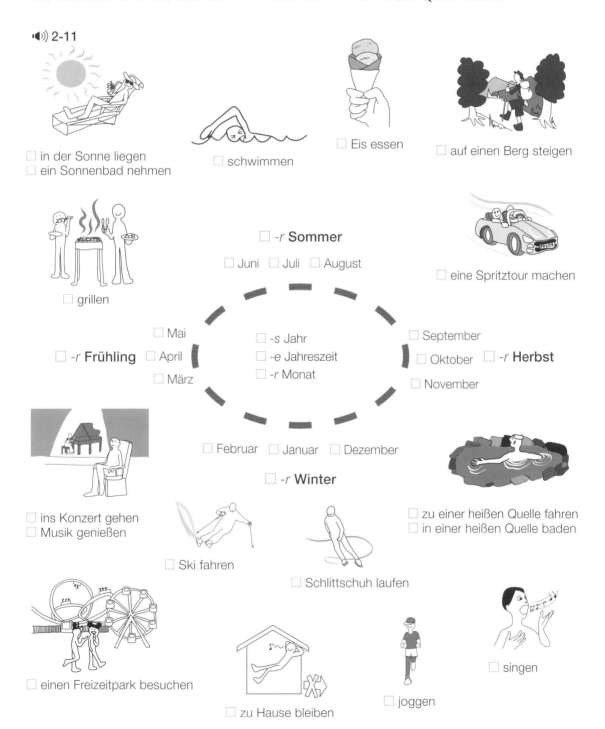

☐ in der Sonne liegen
☐ ein Sonnenbad nehmen

☐ schwimmen

☐ Eis essen

☐ auf einen Berg steigen

☐ grillen

☐ -r **Sommer**

☐ Juni ☐ Juli ☐ August

☐ eine Spritztour machen

☐ Mai
☐ -r **Frühling** ☐ April
☐ März

☐ -s Jahr
☐ -e Jahreszeit
☐ -r Monat

☐ September
☐ Oktober ☐ -r **Herbst**
☐ November

☐ Februar ☐ Januar ☐ Dezember

☐ -r **Winter**

☐ ins Konzert gehen
☐ Musik genießen

☐ zu einer heißen Quelle fahren
☐ in einer heißen Quelle baden

☐ Ski fahren

☐ Schlittschuh laufen

☐ einen Freizeitpark besuchen

☐ zu Hause bleiben

☐ joggen

☐ singen

✏ 次の質問に答えましょう。

1) Darf ein Kind rauchen?

2) Darf man vor der Feuerwehr parken?

3) Darf man überall am Bahnhof rauchen?

4) Dürfen Sie schon Alkohol trinken?

5) Darf man in der Bibliothek essen?

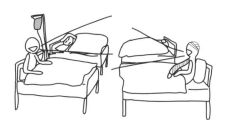

6) Darf man im Krankenhaus laut sprechen?

7) Darf man auf der Autobahn in Deutschland über 150 km/h fahren?

km/h=Stundenkilometer

8) Darf man aus Rache einen Menschen umbringen?

Übung 6 **G** 次の文に（　　　　）の話法の助動詞を加えて、全文を書き変えましょう。

1） Im Restaurant benimmt man sich gut. (müssen)

2） Stelle ich mich Ihnen vor? (dürfen)

3） Geht man jetzt zur Toilette? (dürfen)

4） Man nimmt hier den Bus nach Dresden. (können)

5） Warum gibst du mir den Schlüssel nicht zurück? (können)

6） Die Studenten interessieren sich für Umweltprobleme. (sollen)

7） Der Mann fährt im Winter Ski. (wollen)

8） Spielst du gut Fußball? (können)

9） In Hokkaido läuft man im Winter Schlittschuh. (können)

10） Die Studentin verdient für die Reise Geld. (wollen)

11） Nach dem Joggen trinkt man Wasser. (sollen)

12） Was bringe ich Ihnen zu trinken? (dürfen)

13） Was machen die Kinder am Wochenende? (wollen)

14） Er sieht wegen der Arbeit nicht fern. (können)

15） Der Patient nimmt jeden Morgen dieses Medikament ein. (sollen)

動詞の三基本形　過去人称変化

1. 過去の表現

　ドイツ語では、過去の表現として過去形と完了形が用いられます。口語では、sein, haben, werden や話法の助動詞などは過去形が用いられる傾向がありますが、その他の動詞は現在完了形が多く用いられます。反対に、文章語では過去形が多く用いられます。過去完了形は、過去の特定の時点から見て、さらにそれ以前のことを表す際に用いられ、物語で多用されることから「物語過去」の異名もあります。過去形の文章は、動詞の過去基本形を人称変化させることでつくることができます。完了形の文章は、完了の助動詞haben/seinを人称変化させ、文末に過去分詞をおいて枠構造を形成します。

三基本形／完了の助動詞	◀))) 2-12　spielen ― spielte ― gespielt ... haben 不定詞 →現在形の文　過去基本形 →過去形の文　過去分詞 →完了形の文	◀))) 2-13　fahren ― fuhr ― gefahren ... sein 不定詞 →現在形の文　過去基本形 →過去形の文　過去分詞 →完了形の文
現在形 これまで学習してきたのは、現在形です。	Sie spielt auf der Bühne gut diese Rolle. ❷ 彼女は舞台でこの役を上手に演じます。	Er fährt mit dem Bus in die Stadt. ❷ 彼はバスで町へ行きます。
過去形 人称変化する2番目の動詞が過去形になっています。	Sie spielte auf der Bühne gut diese Rolle. ❷ 彼女は舞台でこの役を上手に演じた。	Er fuhr mit dem Bus in die Stadt. ❷ 彼はバスで町へ行った。
現在完了形 完了の助動詞＋過去分詞 ❷ 枠構造 文末	Sie hat auf der Bühne gut diese Rolle gespielt. ❷ 枠構造 文末 彼女は舞台でこの役を上手に演じた。	Er ist mit dem Bus in die Stadt gefahren. ❷ 枠構造 文末 彼はバスで町へ行った。
［参考］ **過去完了形** 完了の助動詞(過去)＋過去分詞 ❷ 枠構造 文末	Sie hatte auf der Bühne gut diese Rolle gespielt. ❷ 枠構造 文末 彼女は舞台でこの役を上手に演じたことがあった。	Er war mit dem Bus in die Stadt gefahren. ❷ 枠構造 文末 彼はバスで町へ行ってしまった。

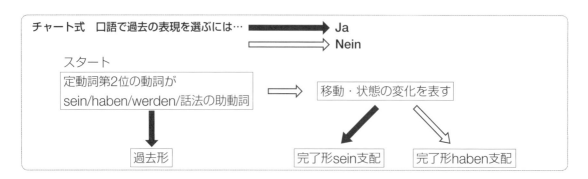

チャート式　口語で過去の表現を選ぶには… ━━━▶ Ja
⇒ Nein

スタート

定動詞第2位の動詞が sein/haben/werden/話法の助動詞 ⇒ 移動・状態の変化を表す

過去形　　完了形sein支配　　完了形haben支配

動詞の三基本形は、不定詞―過去基本形―過去分詞から構成されています。

三基本形は①規則変化、②-ieren動詞、③不規則動詞、④非分離動詞、⑤分離動詞のパターンに分けて考えることができます。規則変化をきちんと押さえておけば、その他はその応用として理解できます。

①規則変化

不定詞の語幹から過去基本形と過去分詞をつくります。過去基本形は「語幹+te」、過去分詞は「ge+語幹+t」です。

不定詞	過去基本形	過去分詞
語幹+en	語幹+te	ge+語幹+t
mach en	mach te	ge mach t
spiel en	spiel te	ge spiel t

Übung 1 **G** 次の動詞の三基本形を書いてみましょう。

sagen lernen kaufen wohnen brauchen waschen hören zeigen

② -ieren動詞

不定詞で、-ierenの語尾を持つ動詞は、過去分詞にge-が付きません。

不定詞	過去基本形	過去分詞
studier en	studier te	studier t
fotografier en	fotografier te	fotografier t

Übung 2 **G** 次の動詞の三基本形を書いてみましょう。

telefonieren reservieren operieren passieren interessieren rasieren komponieren dirigieren

＋α 話法の助動詞の三基本形

不定詞	過去基本形	過去分詞*
können	konnte	gekonnt（können）
müssen	musste	gemusst（müssen）
wollen	wollte	gewollt（wollen）
sollen	sollte	gesollt（sollen）
dürfen	durfte	gedurft（dürfen）
mögen	mochte	gemocht（mögen）

＊話法の助動詞として用いられている時には、過去分詞は不定詞と同じ形を使います。

③主な不規則三基本形 ◀)) 2-14

何度も声に出して読んで、語感で覚えましょう。最初の3つは特に重要です。

	不定詞	過去基本形	過去分詞	意味
☐	**sein**	**war**	**gewesen**	ある・いる
☐	**haben**	**hatte**	**gahabt**	持つ
☐	**werden**	**wurde**	**geworden**	…になる
☐	beginnen	begann	begonnen	始める・始まる
☐	bleiben	blieb	geblieben	留まる
☐	bringen	brachte	gebracht	持っていく
☐	denken	dachte	gedacht	考える
☐	essen	aß	gegessen	食べる
☐	fahren	fuhr	gefahren	(乗り物で)行く
☐	fallen	fiel	gefallen	落ちる
☐	fangen	fing	gefangen	捉える
☐	finden	fand	gefunden	見つける、思う
☐	fliegen	flog	geflogen	飛ぶ
☐	geben	gab	gegeben	与える
☐	gehen	ging	gegangen	(徒歩で)行く
☐	gefallen	gefiel	gefallen	(主語が3格の)気に入る
☐	genießen	genoss	genossen	味わう・堪能する
☐	gewinnen	gewann	gewonnen	勝つ
☐	halten	hielt	gehalten	保つ
☐	helfen	half	geholfen	手伝う・助ける
☐	kennen	kannte	gekannt	(経験的に)知っている
☐	kommen	kam	gekommen	来る
☐	laden	lud	geladen	積む
☐	laufen	lief	gelaufen	走る
☐	lesen	las	gelesen	読む
☐	nehmen	nahm	genommen	取る・選ぶ
☐	rufen	rief	gerufen	叫ぶ
☐	schlafen	schlief	geschlafen	眠る
☐	schließen	schloss	geschlossen	閉める
☐	schreiben	schrieb	geschrieben	書く
☐	schwimmen	schwamm	geschwommen	泳ぐ
☐	sehen	sah	gesehen	見る

不定詞	過去基本形	過去分詞	意味
singen	sang	gesungen	歌う
sprechen	sprach	gesprochen	話す
stehen	stand	gestanden	立つ
sterben	starb	gestorben	死ぬ
tragen	trug	getragen	運ぶ
treffen	traf	getroffen	的中する
trinken	trank	getrunken	飲む
verlieren	verlor	verloren	失う・負ける
wissen	wusste	gewusst	（知識として）知っている
ziehen	zog	gezogen	引く

④ **非分離動詞**

　分離動詞はLektion 6で学習しましたが、非分離の前綴りを持つ非分離動詞もあります。非分離の前綴りはbe-、emp-、er-、ent-、ge-、ver-、zer- などです。三基本形でも分離しません。過去分詞ではge-が付きません。

不定詞	過去基本形	過去分詞
besuch|en	besuch|te	besuch|t
bezahl|en	bezahl|te	bezahl|t

Übung 3 Ｇ 次の動詞の三基本形を書いてみましょう。

1) bekommen　　2) empfehlen　　3) erzählen　　4) verstehen　　5) verlieren

⑤ **分離動詞**

　分離動詞は、過去基本形では前綴りは過去基本形と離して後ろに書きます。しかし過去分詞では、ge-の前に付き、離さずに1語で書きます。

不定詞	過去基本形	過去分詞
<u>auf</u>|mach|en	mach|te … <u>auf</u>	<u>auf</u>ge|mach|t
<u>zu</u>|mach|en	mach|te … <u>zu</u>	<u>zu</u>ge|mach|t

Übung 4 Ｇ 次の動詞の三基本形を書いてみましょう。

1) auf\|stehen　　2) vor\|stellen　　3) ein\|kaufen　　4) teil\|nehmen　　5) zurück\|kommen

3. 過去形の文——過去人称変化

文章を過去形にするには、動詞を過去基本形にしたうえで、過去人称変化させる必要があります。規則変化、不規則変化にかかわらず、次のような語尾が付きます。

		不定詞	spielen	arbeiten	nehmen	fern|sehen	können
		過去基本形	spielte	arbeitete	nahm	sah ... fern	konnte
単数	ich	☐	spielte	arbeitete	nahm	sah ... fern	konnte
単数	du	☐+st	spielte**st**	arbeitete**st**	nahm**st**	sah**st** ... fern	konnte**st**
単数	er/sie/es/man ...	☐	spielte	arbeitete	nahm	sah ... fern	konnte
複数	wir	☐+(e)n	spielte**n**	arbeitete**n**	nahm**en**	sah**en** ... fern	konnte**n**
複数	ihr	☐+t	spielte**t**	arbeitete**t**	nahm**t**	sah**t** ... fern	konnte**t**
複数	sie ...	☐+(e)n	spielte**n**	arbeitete**n**	nahm**en**	sah**en** ... fern	konnte**n**
単複	Sie	☐+(e)n	spielte**n**	arbeitete**n**	nahm**en**	sah**en** ... fern	konnte**n**

Übung 5 **G** 次の動詞を過去人称変化させてみましょう。

werden　　haben　　sein　　auf\|stehen　　bekommen　　rufen

応用編 1)–15) は「灰かぶり（シンデレラ）」Aschenputtelの物語です。過去形に書き直しましょう。

Es war einmal ein schönes* Mädchen. Man nannte es Aschenputtel.

1) Aschenputtel ist nett und freundlich.
2) Aber ihre Mutter und ihre Schwestern sind sehr böse.
3) Das arme** Mädchen arbeitet für ihre Familie sehr hart.

4) Eines Tages findet auf dem Schloss ein Fest statt.
5) Der Prinz lädt alle Mädchen seines Landes ein.
6) Auch die Schwestern gehen mit ihrer Mutter zum Fest.
7) Aber Aschenputtel darf nicht mit und muss allein zu Hause bleiben.
8) Spät am Abend kommt eine Fee zu Aschenputtel und gibt dem Mädchen ein schönes* Kleid und Schuhe aus Glas.
9) Aschenputtel kann nun zum Fest gehen.

10) Aschenputtel lernt auf dem Fest den Prinzen kennen und tanzt mit ihm.
11) Um Mitternacht muss Aschenputtel das Schloss verlassen.
12) Aschenputtel läuft schnell und verliert so einen Schuh.

13) Mit dem Schuh sucht der Prinz jenes schöne* Mädchen.
14) Nur einem Mädchen kann der Schuh richtig passen.
15) Der Prinz erkennt Aschenputtel als das Mädchen auf dem Fest wieder und heiratet es.

*きれいな　**かわいそうな

Übung 6 **G** _____ に（　）内の動詞を過去人称変化させて書き入れましょう。

1) Thomas _____ mit Freunden Musik. (machen)

2) Katja _____ in einem Freizeitpark in Tokyo eine schöne Zeit. (haben)

3) Friedrich _____ in den Sommerferien eine Fahrschule. (besuchen)

4) Er _____ im September den Führerschein machen. (können)

5) Meine Großeltern _____ reich. (werden)

6) Die Nationalmannschaft Japans _____ 2 zu 0 gegen Deutschland. (gewinnen)

7) Es _____ einmal in diesem Schloss eine Prinzessin. (geben)

8) Am Wochenende _____ wir zu Hause und _____ DVDs. (bleiben, sehen)

9) Letztes Jahr _____ bei mir ein Wunder. (geschehen)

10) Der Junge _____ im August fast jeden Tag jobben. (müssen)

11) Er _____ in Europa studieren. (wollen)

12) Durch den Krieg _____ wir alles. (verlieren)

13) Letzte Nacht _____ ihr sehr müde _____ . (aus|sehen)

14) Ich _____ mir die Situation _____ . (vor|stellen)

15) Das Flugzeug _____ in München sehr spät _____ . (an|kommen)

Übung 7 **G** 次の絵と不定詞句は、それぞれの学生が休暇中に体験したことです。過去形で表現してみましょう。 ◀)) 2-15

z. B. Heinrich: jeden Morgen um halb sieben aufstehen

→ **In den Ferien stand Heinrich jeden Morgen um halb sieben auf.**

jeden Morgen
um halb sieben auf|stehen

In den Ferien ...

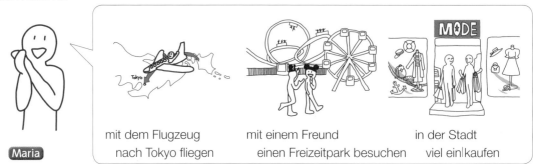

Maria

mit dem Flugzeug
nach Tokyo fliegen

mit einem Freund
einen Freizeitpark besuchen

in der Stadt
viel ein|kaufen

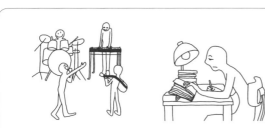  

manchmal mit den Freunden
Musik machen

jeden Abend
viel lernen

mit einer Freundin
zusammen ins
Restaurant gehen

Sophie

Alex

dreimal in der Woche
im Supermarkt jobben

mit den Freunden reisen

am Abend
im Garten grillen

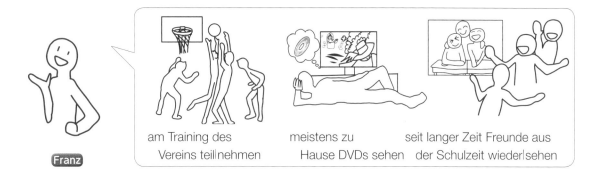

Franz

am Training des
Vereins teil|nehmen

meistens zu
Hause DVDs sehen

seit langer Zeit Freunde aus
der Schulzeit wieder|sehen

Fahrschule besuchen
und am Anfang nichts
verstehen können

endlich den Führerschein
machen

mit seiner Freundin
mit dem Auto
ans Meer fahren

Mattias

Johannes

seine Großeltern
besuchen

im Kino
einen Film sehen

einmal zu einer heißen
Quelle fahren

Ende August
Geburtstag haben

viele Freunde zur
Geburtstagsparty ein|laden

das erste Mal im Leben
Bier probieren

Katja

Übung 8 🖊 自分の長期休みの体験をドイツ語で書いてみましょう。

現在完了形　非人称主語

1. 現在完了形

　口語で過去の出来事を語るときには、現在完了形が多く使われます。現在完了形は、現在形で定形第2位にあった動詞を過去分詞にして文末におき、代わりに完了の助動詞habenあるいはseinを第2位におきます。完了の助動詞がhabenになるか、seinになるかは、過去分詞になる動詞によって決まります。

　基本的に、移動・状態の変化等を表す動詞はseinを取り（これを**sein支配**といいます）、それ以外の多くがhabenを完了の助動詞に取ります（**haben支配**）。

完了の助動詞の選択

　sein支配 のとき：

　　過去分詞になる動詞が　①移動を表す　　　gehen, fahren, kommen, fliegen, fallen など

　　　　　　　　　　　　　②状態の変化を表す　werden, sterben, geschehen, passieren,

　　　　　　　　　　　　　　　　　　　　　　　aufstehen, einschlafen など

　　　　　　　　　　　　　③sein, bleiben

　haben支配 のとき：上記以外のすべて

z. B. ◀» 2-16

Seine Tochter <u>kommt</u> um 8 Uhr nach Hause <u>zurück</u>.

　→zurückkommen「帰ってくる」なので、移動を表す

　→sein 支配（主語が3人称単数なのでist、過去分詞は zurückgekommen）

Seine Tochter **ist** um 8 Uhr nach Hause **zurückgekommen**.

枠構造

Für die Prüfung nach den Sommerferien lernen jene Studenten sehr viel auswendig.

　→lernen「学ぶ」なので、移動でも状態の変化でもない

　→haben 支配（主語が3人称複数なのでhaben、過去分詞は gelernt）

Für die Prüfung nach den Sommerferien **haben** jene Studenten sehr viel auswendig **gelernt**.

枠構造

Übung 1 **G** haben 支配か sein 支配かを判断して、＿＿＿＿＿に完了の助動詞を、＿＿＿＿＿に過去分詞の不定詞を書き入れましょう。

1) Am Wochenende ＿＿＿＿＿＿＿＿＿ ich zu Hause geblieben.

              geblieben ＜＿＿＿＿＿＿＿＿＿

2) Ich ＿＿＿＿＿＿＿＿＿ fast den ganzen Tag DVDs gesehen.

              gesehen ＜＿＿＿＿＿＿＿＿＿

3) Wir ＿＿＿＿＿＿＿＿＿ zusammen im Restaurant gegessen.

              gegessen ＜＿＿＿＿＿＿＿＿＿

4) Deswegen ＿＿＿＿＿＿＿＿＿ er mit dem Fahrrad zum Bahnhof gefahren.

              gefahren ＜＿＿＿＿＿＿＿＿＿

5) Er ＿＿＿＿＿＿＿＿＿ mich zum Essen eingeladen.

              eingeladen ＜＿＿＿＿＿＿＿＿＿

Übung 2 **G** 次の文を現在完了形に書き変えましょう。（   ）の副詞があるときは、書き加えましょう。

1) Eduard arbeitet im Krankenhaus.（früher）

2) Paul fährt in den Sommerferien mit dem Auto zu seinen Eltern.

3) Ich verstehe das Problem nicht.

4) Ganze Nacht lese ich einen Roman.

5) Das Flugzeug fliegt ab.（schon）

6) Sie geht ins Kino.（im Herbst）

7) Mein Bruder reist im Sommer nach Italien.

8) Seine Schwester macht das Licht an.

9) Sie schreibt dem Studenten einen Brief

10) Das Unglück passiert hier plötzlich.

時の表現 🔊 2-17

vor einem Tag vor .... Tagen	vorgestern	gestern	heute	morgen	übermorgen	in einem Tag in ... Tagen
一日前／…日前	一昨日	昨日	今日	明日	明後日	一日後／…日後

vor einem Jahr vor ... Jahren	im letzten Jahr	in diesem Jahr	im nächsten Jahr	in einem Jahr in ... Jahren
一年前／…年前	昨年	今年	来年	一年後／…年後

früher damals in der Vergangenheit	jetzt in der Gegenwart	später in der Zukunft
かつて／当時／過去に	今／現代	後に／将来

irgendwann plötzlich	いつだったか／いつか（過去・未来を問わず不特定の時をさす） 突然

※時を表す名詞は、4格で副詞的に用いることができます。

z. B. letzte Nacht 昨晩   die ganze Nacht 一晩中

Übung 3 **G** Was hat Heinrich Müller gestern gemacht?
ハインリヒ・ミュラー君の昨日の出来事を現在完了形で表現しましょう。

🔊)) 2-18

z. B. Heinrich hat gestern um sieben Uhr dreißig Zähne **geputzt**.

7.30 Uhr
Zähne putzen

6.30 Uhr
aufstehen

6.45Uhr
frühstücken
= das Frühstück essen

7.45 Uhr
sich umziehen

8.00 Uhr
von zu Hause losgehen
= das Haus verlassen

8.15 Uhr
in den Zug einsteigen

8.45 Uhr
an der Uni ankommen

10.40 - 12.10 Uhr
am Seminar teilnehmen

12.10 Uhr
mit den Freunden
zu Mittag essen

16.30 - 19.30 Uhr
im Café jobben

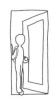

20.00 Uhr
nach Hause
zurückkommen

20.10 - 20.30 Uhr
zu Abend essen

23.15 Uhr
ins Bett gehen

Übung 4 **G** Was hat Heinrich Müller in der letzten Woche erlebt?

ハインリヒ・ミュラー君の先週の体験を現在完了形または過去形で表現しましょう。 ◀)) 2-19

z. B. Am Wochenende ist Heinrich zu Hause **geblieben**.

am Wochenende
zu Hause bleiben

in der letzten Woche ...

am Montag

beim Job
einen Fehler machen

am Dienstag

die Verabredung
mit einer Freundin
vergessen

am Mittwoch

zu spät auf|stehen

den Zug verpassen

am Donnerstag

beim Kochen sich
in den Finger
schneiden

am Freitag

trotz des Regens
keinen Schirm haben

am Samstag

Kopfschmerzen haben

am Sonntag

Husten und
hohes Fieber haben

Lektion 9

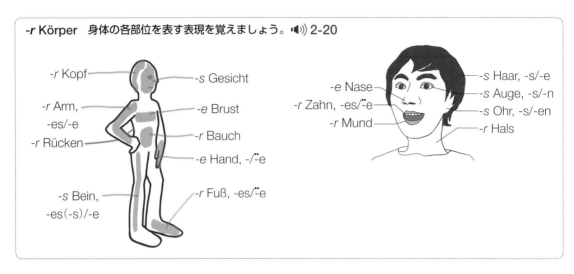

-r Körper 身体の各部位を表す表現を覚えましょう。 ◀)) 2-20

-r Kopf
-s Gesicht
-r Arm, -es/-e
-e Brust
-r Rücken
-r Bauch
-e Hand, -/ṡe
-s Bein, -es(-s)/-e
-r Fuß, -es/ṡe

-e Nase
-s Haar, -s/-e
-r Zahn, -es/ṡe
-s Auge, -s/-n
-r Mund
-s Ohr, -s/-en
-r Hals

【Übung 5】 🗣 次の絵を指して、「～が痛い」「～を怪我した」と表現しましょう。 ◀)) 2-21

1格
～ (*jm.*) weh|tun. → Der Kopf tut mir weh.
体の部位1格

体の部位
[　　] schmerzen haben → Ich habe Kopfschmerzen.
1語

*sich*⁴ an ³格～ verletzen → Ich verletze mich am Finger.
体の部位3格

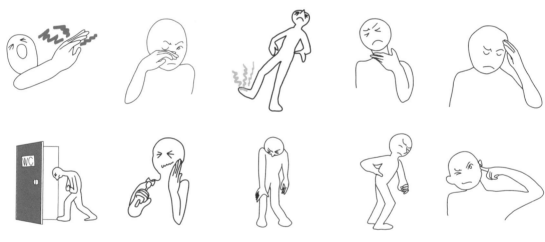

eine Erkältung haben ◀)) 2-22

husten　　　　　Die Nase läuft.　　　　　hohes Fieber haben

【Übung 6】 **G** 【Übung 5】 の文を現在完了形に書き換えましょう。

2. 非人称主語 es

es は、代名詞としてや前出の語句や意味のかたまりを受ける以外に、天候や季節などを表す文で主語になります。これを**非人称主語の**es と呼びます。

★非人称主語 es を含む重要表現

☐ es gibt ...^{4格}	...^{4格}がある
☐ es geht um ...^{4格}	...^{4格}が話題となる、...^{4格}に関わることである
☐ es kommt auf ... an^{4格}	...^{4格}次第である。
☐ Es tut mir leid.	残念です。

Übung 7 🔊 Was gibt es in der Nähe von Lenas Wohnung?
Lenaさんの家の近くに何があるか尋ねましょう。また、どこにあるか答えましょう。🔊 2-23

Gibt es in der Nähe ihrer Wohnung eine Post?
— Ja, in der Parkallee gibt es eine Post.
Gibt es in der Nähe ihrer Wohnung ein Kino?
— Nein, in der Nähe ihrer Wohnung gibt es kein Kino.
Was gibt es in der Nähe von Lenas Wohnung?
— Es gibt hinter ihrer Wohung eine Bibliothek.

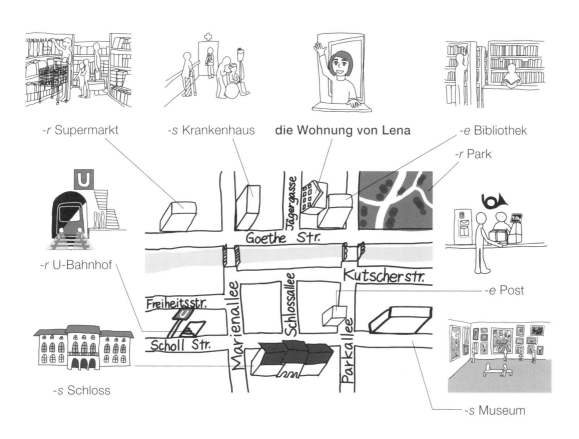

-r Supermarkt   -s Krankenhaus   **die Wohnung von Lena**   -e Bibliothek

-r Park

-r U-Bahnhof

Jägergasse

Goethe Str.

Kutscherstr.

-e Post

Freiheitsstr.

Marienallee

Schlossallee

Parkallee

Scholl Str.

-s Schloss

-s Museum

Lektion 9

-s Wetter /-s Klima　天気と気候の表現 🔊 2-24

Wie ist das Wetter?

Das Wetter ist schön.
Die Sonne scheint.
Es ist {sonnig. / heiter.

☐ -e Sonne
☐ -r Himmel

Es ist {wolkig. / bedeckt.

☐ -e Wolke

Es regnet.

☐ -r Regen
☐ -r Schirm

Es schneit.

☐ -r Schnee

Es ist windig.

☐ -r Wind

Es ist ... kalt　/　kühl　/　mild angenehm　/　warm　/　heiß.

Temperatur ⊖ ━━━━━ ⊕

Übung 8　**G**　下線部にふさわしい語を書き入れましょう。

1) Es ＿＿＿＿＿＿ hinter dem Bahnhof einen Supermarkt.
　　駅の向こうにスーパーがあります。

2) In der Vorlesung ＿＿＿＿＿ es ＿＿＿＿＿ die Geschichte Europas.
　　講義ではヨーロッパの歴史が扱われています。

3) Es ist hier am Morgen und am Abend meistens ＿＿＿＿＿.
　　ここでは、朝晩がたいてい涼しいです。

4) Im Sommer ist es hier auch sehr ＿＿＿＿＿.
　　夏はここもとても暑いです。

5) Hat es schon zu ＿＿＿＿＿ angefangen?
　　もうすでに雨は降り始めましたか。

6) Beim Taifun ＿＿＿＿＿ es stark und es ist sehr ＿＿＿＿＿.
　　台風の時は、雨と風が強いです。

7) Es war hier sehr ＿＿＿＿＿. Deshalb habe ich die Heizung angemacht.
　　ここはとても寒かったです。ですので私は暖房をつけました。

8) Wie ＿＿＿＿＿ es Ihnen?　—　Danke, es ＿＿＿＿＿ .
　　ご機嫌いかがですか。—ありがとう。まぁまぁです。

9) Worum ＿＿＿＿＿ es in diesem Buch?
　　この本では何がテーマなのですか。

10) Ich kann Ihnen nicht helfen.　Es ＿＿＿＿＿ mir ＿＿＿＿＿.
　　お手伝いできません。残念です。

Übung 9 Wie ist das Wetter? 次の絵の天気や気候について、1)-3) の問いに答えましょう。 🔊 2-25

1) ①−⑫について、それぞれ天気を表現しましょう。

> **z. B.** Es ist wolkig.
> Die Temperatur ist mild.
> Es ist ein mildes* Wetter.

*形容詞の格変化についてはLektion 11参照。

2) **G** 1) の文に、次の過去の時を表す副詞を付けて、現在完了形か過去形で表現しましょう。

gestern / vorgestern / vor .... Tagen / in der letzten Woche / im letzten Monat

> **z. B.** **Gestern** war es wolkig.

3) ✏ 自分の住んでいる町について、あるいはドイツ語圏のどこかの町について、天気や気候について説明しましょう。

im Frühling / im Sommer / im Herbst / im Winter ...

> **z. B.** Bei uns in Hokkaido ist es im Frühling noch sehr kalt. Im Winter schneit es viel.

zu不定詞句　従属接続詞

1. zu不定詞句

　不定詞句は、動詞に前置詞zuを加えてzu不定詞にすると、「〜すること」という意味になり、名詞のように主語や目的語として文中で用いることができます。また、Zeit（「時間」）やLust（「欲求」）などの抽象名詞を具体的に説明することもあります。　　　　　　　　　　　　　◀)) 2-26

in den Sommerferien jeden Tag jobben ＋ zu → in den Sommerferien jeden Tag **zu** jobben
　　　夏休みに　　　　毎日　　アルバイトする　　　　　　　　　　　　　　　　語順は変わらない！

　　　　　　　　　　　　　　⇒ In den Sommerferien jeden Tag **zu** jobben ist anstrengend.
　　　　　　　　　　　　　　　　　　　　　　　　　　　　　　　　　　　　大変だ

　　　　　　　　　　　　　　⇒ Es ist anstrengend, in den Sommerferien jeden Tag **zu** jobben.
　　　zu不定詞句をesで受けることができる　　esでzu不定詞句を受けるときは、本文との間をコンマで区切ることが多い

★分離動詞のzu不定詞：前綴り zu 基礎となる動詞 …
　　　　　　　　　　　zuは前綴りと基礎となる動詞の間におかれて**1語**となる
um 18 Uhr nach Hause zurückkommen ＋ **zu** → um 18 Uhr nach Hause zurück**zu**kommen
　　　　　　　　　　　　　Fritz hat mir versprochen, um 18 Uhr nach Hause zurück**zu**kommen.
　　　　　　　　　　　　　フリッツは私に約束しました、18時に家に帰ると。

★zu不定詞でよく使われる表現
☐ **um ... zu ...**：〜するために　**Um** um fünf Uhr auf**zu**stehen, stelle ich den Wecker.
　　　　　　　　　　　　　　　5時に　　起きるために　　　私は目覚まし時計をセットする
☐ **ohne ... zu ...**：〜することなく
　　Ohne für das Essen Geld **zu** bezahlen, ist der Mann aus dem Restaurant hinausgelaufen.
　　　　　　　食事に　　お金を　支払うことなく　その男は　　　　レストランから　　　走り出た
☐ **sein + zu ...**：〜されうる（＝können+受身表現）　Niemand **ist** auf der Straße **zu** sehen.
　　　　　　　　　　　　　　　　　　　　　　誰も〜ない　通りで　見られる（→通りには誰の姿も見当たらない）
　　　　　　　〜されるべきだ（＝sollen+受身表現）Diese Frage ist sofort **zu** beantworten.
　　　　　　　　　　　　　　　　　　この質問は　　　直ちに　　答えられるべきだ

Übung 1 次の文に [　　] 内の不定詞句をzu不定詞句にして続け、1文にしましょう。

1) Ich freuen mich darauf, [in der Heimat meine Freunden wiedersehen].

2) Es ist für die Gesundheit wichtig, [gut und viel schlafen].

3) Trotz des Regens geht er aus, [ohne + den Schirm mitnehmen].

4) [um + ruhig Musik zuhören], hat sie das Fenster zugemacht.

5) Das Buch ist [in der Bibliothek lesen].

1) Ist es für ein Kind erlaubt zu rauchen?

2) Ist es nicht verboten, vor dem Feuerwehrhaus zu parken?

3) Ist es verboten, überall im Bahnhof zu rauchen?

4) Ist es für junge Leute unter 20 erlaubt, Alkohol zu trinken?

5) Ist es kein Problem, in der Bibliothek zu essen?

6) Ist es O. K., im Krankenhaus laut zu sprechen?

7) Ist es in Deutschland verboten, auf der Autobahn über 150 km/h zu fahren?

km/h = Stundenkilometer

8) Ist es erlaubt, aus Rache einen Menschen umzubrigen?

9) Ist es akzeptabel, im Theater während der Aufführung zur Toilette zu gehen?

10) Ist es nicht verboten, im Zug etwas zu essen?

Lektion 10

Übung 3 🔊 **Beschreiben Sie die Regeln im Unterricht.**

次の絵を見て、授業中のマナーについて説明してみましょう。🔊 2-28

◎　　Es ist im Unterricht empfehlenswert, ...
○　　　　　　　　　　　　gut, ...
△　　　　　　　　　　　　akzeptabel, ...
×　　　　　　　　　　　　verboten, ...

z. B. Es ist im Unterricht gut, der Erklärung zuzuhören.

☐ der Erklärung zuhören

🔊 2-29

☐ etwas essen

☐ rauchen

☐ auf die Toilette gehen

☐ eine Katze mitbringen

☐ jede dritte Minute gähnen

☐ auf dem Tisch liegen

☐ zu leidenschaftlich diskutieren

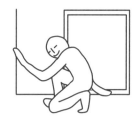

☐ aus dem Fenster hinaussteigen

☐ eine Frage stellen

☐ neben dem Professor stehen

☐ Bier trinken

☐ flirten

z. B.

Hast du am Wochenende Lust, ins Kino zu gehen?
— Ja, ich habe Lust, ins Kino zu gehen.
Hast du am Wochenende Lust, in der Stadt einzukaufen?
— Ich habe Lust und Zeit dazu, aber leider kein Geld dafür.

[keine] Zeit haben, ... zu ...
[keine] Lust haben, ... zu ...
[kein] Geld haben, ... zu ...

🔊» 2-31

☐ das Museum besuchen

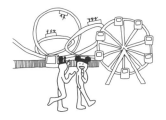

☐ in den Freizeitpark gehen

☐ ein Auto waschen

☐ spazieren gehen

☐ ins Restaurant gehen

☐ zu einer heißen Quelle fahren

☐ einen Ausflug machen

☐ ins Kino gehen

☐ kochen

☐ sich im Café mit den Freunden treffen

☐ zu Hause faulenzen

☐ ans Meer baden gehen

☐ das Zimmer aufräumen
☐ die Wohnung putzen

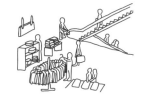

☐ einkaufen
☐ zum Kaufhaus gehen

☐ eine Spitztour machen

Lektion 10

2．従属接続詞

接続詞には、次の2種類があります。
①**並列接続詞**：語と語、文と文など対等の要素を結びます。語順に影響を与えません。

(Vgl. Lektion 2, S. 26)

und　aber　oder　sondern　denn

②**従属接続詞**：文を導く接続詞です。この接続詞に導かれた文は**副文**と呼ばれ、定動詞が文末に移動します（＝**定動詞後置**）。これまで学習してきた定動詞第2位の文は**主文**です。副文は主文の中では意味上のひとかたまりとされるため、文頭に従属接続詞に導かれた文がある場合は、主文の語順に影響があります。 🔊) **2-32**

主文

Therese weiß es schon. ＋　dass ＋ Er arbeitet nicht mehr in dieser Stadt.
テレーゼはそのことをすでに知っている。　　〜ということ　　　彼はもはやこの町で仕事をしていない

❷　　　　　　　　　　　接続詞　　接続詞に支配される文　　←副文
Therese weiß ~~es~~ schon, | dass er ~~arbeitet~~ nicht mehr in dieser Stadt arbeitet. |

副文末へ移動：**定動詞後置**

副文に分離動詞が含まれている時、文末に移動した定動詞は、人称変化した形のまま再び前綴りと結びついて1語になります。

Ich frage ihn, ob er am Ausflug teilnimmt.

☐ **als**：（過去の文を導いて）〜した時　Ich war im Bett, **als** er mich angerufen hat.
☐ **bevor**：〜する前に　　　**Bevor** man von zu Hause losgeht, muss man alles noch einmal kontrollieren.
☐ **bis**：〜するまで　　　Wir müssen warten, **bis** er zu uns kommt.
☐ **dass**：〜ということ　　Ich bin der Meinung, **dass** wir uns dafür noch mehr interessieren sollten.
☐ **ob**：〜かどうか　　Er fragt, **ob** ich die Prüfung bestanden habe.
☐ **obwohl**：〜にもかかわらず Sie hat keinen Schirm, **obwohl** es stark regnet.
☐ **weil**：〜なので　　Meine Schwester arbeitet heute nicht, **weil** sie Kopfschmerzen hat.
☐ **wenn**：もし〜なら　　**Wenn** der Zug nach Frankfurt fährt, wollen wir ihn nehmen.

★このほかに疑問詞付きの疑問文は、疑問詞を接続詞にして副文を構成し、間接疑問文になることができます。
Wissen Sie das? ＋ Wie lange dauert der Film? → Wissen Sie, **wie** lange der Film dauert?

★一緒に覚えましょう。論理的な文の流れを示す副詞（いわゆる「副詞的接続詞」） 🔊) **2-33**

☐ also / so	だから	☐ jedoch	しかしながら
☐ dann	それから、それなら	☐ sonst	さもなければ
☐ deshalb / deswegen	ゆえに	☐ trotzdem	それにもかかわらず

Übung 5 **G** 下線部にふさわしい接続詞を書き入れましょう。

1) Die Wettervorhersage berichtet, _____ es heute heiter wird.
   天気予報は、今日は晴れるだろうことを報告しています。

2) _____ das Wetter sehr schön ist, will er einen Spaziergang machen.
   天気がとてもよいので、彼は散歩をするつもりでいます。

3) _____ er das Haus verlassen hat, hat es gerade zu regnen angefangen.
   彼が家を出たときに、ちょうど雨が降り始めました。

4) _____ das Wetter schlecht ist, geht er von zu Hause los.
   天気が悪いにもかかわらず、彼は家を出発します。

5) Weißt du, _____ er beim Spaziergang Claudia gesehen hat?
   君は、散歩のときに彼がクラウディアに会ったことを知っているかい。

6) Weißt du, _____ er beim Spaziergang Claudia gesehen hat?
   君は、散歩のときに彼がクラウディアに会ったかどうかを知っているかい。

7) _____ er zu Hause bleibt, sieht er sie nicht auf der Straße.
   もし彼が家にいるならば、彼女に道で会うことはありません。

8) Sie sieht ihn nicht, _____ sie die U-Bahn nimmt.
   もし彼女が地下鉄に乗っているならば、彼女は彼に会うことはありません。

Übung 6 **G** 1)−5) の文を、（　）内の従属接続詞を用いて1文に書き直しましょう。

1) Man wundert sich darüber. + Er hat die Prüfung bestanden.（ob）

2) Ich hoffe. + Sie besuchen uns bald.（dass）

3) Stephan wohnte in Düsseldorf. + Er war Kind.（als）

4) Michael steigt im Sommer oft auf einen Berg. +（weil）+ Er liebt die Natur sehr.

5) Das Mädchen will auf ihn warten. + Er kommt.（bis）

前置詞と指示代名詞・人称代名詞、疑問詞の融合形

前置詞＋指示代名詞・人称代名詞		
指示する内容が事物である場合に限り、前置詞と融合形にできます。		
auf		darauf
an		daran
für	+ das, es u. s. w. ➡	dafür
gegen		dagegen
mit		damit
unter		darunter
⋮		⋮

前置詞+疑問詞was, wo		
auf		worauf
an		woran
für	+ was, wo ➡	wofür
gegen		wogegen
mit		womit
unter		worunter
⋮		⋮

Lektion 10

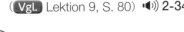

1) Was kann man machen, wenn man krank ist?　（ **Vgl.** Lektion 9, S. 80） ◄)) **2-34**

☐ ein Medikament
　 einnehmen

☐ einen Kamillentee trinken

☐ im Bett liegen

☐ zum Arzt gehen
☐ sich vom Arzt
　 untersuchen lassen

☐ sich operieren lassen

☐ sich spritzen lassen

2) Was wollen Sie machen, wenn es am Wochenende regnet?

☐ ins Kino gehen

☐ ins Museum gehen

☐ eine Spritztour machen

☐ zu einer heißen Quelle fahren

☐ zu Hause faulenzen

☐ lesen

3) Was kann man machen, wenn man reich werden möchte?

☐ Geld sparen

☐ eine Firma gründen

☐ Lotto spielen

☐ viel und lang arbeiten

☐ geizig sein

☐ investieren

4) Was kann man machen, wenn man am nächsten Tag eine Prüfung hat?

☐ viel lernen

☐ viel auswendig lernen

☐ die Aufgabe richtig verstehen

☐ gut schlafen

☐ nicht faulenzen

☐ aufgeben

5) Was hat man gemacht, als es noch keine Computer gab?

☐ einen Brief schreiben

☐ einen Freund besuchen

☐ einen Freund anrufen

☐ ins Theater gehen

☐ Bücher lesen

☐ ein Wort in der Enzyklopädie nachschlagen

形容詞の格変化語尾　受動文

1. 形容詞の格変化

　形容詞は名詞を修飾するときに、名詞の性（数）・格に応じた語尾が付きます。冠詞の種類や有無によって①強変化、②弱変化、③混合変化の3パターンがあります。

①強変化 ［無冠詞］

	男性名詞	女性名詞	中性名詞	複数
1 格	trockner Wein	warme Milch	kaltes Bier	viele Getränke
2 格	trocknen Wein(e)s	warmer Milch	kalten Bier(e)s	vieler Getränke
3 格	trocknem Wein	warmer Milch	kaltem Bier	vielen Getränken
4 格	trocknen Wein	warme Milch	kaltes Bier	viele Getränke

②弱変化 ［定冠詞類付］

	男性名詞	女性名詞	中性名詞	複数
1 格	der schnelle Zug	diese langsame Bahn	jenes schöne Auto	welche guten Reisen
2 格	des schnellen Zug(e)s	dieser langsamen Bahn	jenes schönen Autos	welcher guten Reisen
3 格	dem schnellen Zug	dieser langsamen Bahn	jenem schönen Auto	welchen guten Reisen
4 格	den schnellen Zug	diese langsame Bahn	jenes schöne Auto	welche guten Reisen

③混合変化 ［不定冠詞類付］

	男性名詞	女性名詞	中性名詞	複数
1 格	ein neuer Mantel	keine lange Hose	dein altes Hemd	unsere alten Schuhe
2 格	eines neuen Mantels	keiner langen Hose	deines alten Hemds	unserer alten Schuhe
3 格	einem neuen Mantel	keiner langen Hose	deinem alten Hemd	unseren alten Schuhen
4 格	einen neuen Mantel	keine lange Hose	dein altes Hemd	unsere alten Schuhe

★よく使う形容詞56選 ◀ඛ 2-35

□ alt	古い、老いた	□ kalt	寒い	□ gut	良い	□ schön	美しい
□ neu	新しい	□ heiß	熱い、辛い	□ schlecht	悪い	□ freundlich	友好的な
□ groß	大きい	□ kühl	冷たい	□ richtig	正しい	□ nett	親切な
□ klein	小さい	□ warm	温かい	□ falsch	間違った	□ lustig	愉快な
□ lang	長い	□ billig	安い	□ interessant	興味深い	□ wichtig	重要な
□ kurz	短い	□ teuer	高い	□ langweilig	退屈な	□ wirklich	本当の
□ schwer	重い、難しい	□ arm	貧しい、乏しい	□ schnell	速い	□ jung	若い
□ leicht	軽い、容易な	□ reich	裕福な、豊富な	□ langsam	ゆっくりの	□ hoch	高い
□ wenig	少ない	□ dunkel	暗い	□ stark	強い	□ tief	深い
□ viel	多い	□ hell	明るい	□ schwach	弱い	□ komisch	おかしい
□ dick	太い、厚い	□ laut	（音の）大きい	□ glücklich	しあわせな	□ gefährlich	危ない
□ dünn	薄い	□ still	静かな	□ traurig	悲しい	□ kaputt	壊れた
□ leer	空っぽの	□ schmutzig	汚い	□ gesund	健康な	□ müde	疲労した
□ voll	いっぱいの	□ sauber	清潔な	□ krank	病気の	□ böse	邪悪な、立腹した

Übung 1 次の形容詞の反対語を挙げましょう。

1) neu　　2) groß　　3) lang　　4) leicht　　5) wenig　6) teuer　7) arm　　8) hell

9) laut　　10) gut　　11) richtig　　12) schnell　13) stark　14) jung　15) traurig　16) krank

Übung 2 Von welcher Farbe ist die Fahne? Malen wir die Farbe!　次の旗を、形容詞と同じ色で
塗りましょう。🔊 2-36

schwarz	weiß	grau	Silber/ silbern	Gold/ golden	bunt

rot	blau	gelb	grün	braun	orange	violett	rosa	beige

Übung 3 **G** ＿＿＿＿にふさわしい語尾を書き入れましょう。何も入らないときは×を書きましょう。また、
絵の人物たちの名前を当てましょう。

1) Die Leute sind in einem gemütlich＿＿＿ Zimmer.

2) Uta bringt viel＿＿＿ Gläser.

3) Lisa spielt mit ihrer hübsch＿＿＿ Katze.

4) Der jung＿＿＿ Mann am groß＿＿＿ Fenster heißt Kurt.

5) Kurt findet den Artikel in der Zeitung interessant＿＿＿.

6) Julia liest eine traurig＿＿＿ Geschichte.

7) Sie findet das Buch aber sehr schön＿＿＿.

8) Der nett＿＿＿ Mann neben Julia heißt Stephan.

9) Stephan trägt die rund＿＿＿ Brille.

10) Der Mann mit der viereckig＿＿＿ Brille ist Ulrich.

11) Ulrich trinkt gern heiß＿＿＿ Kaffee.

12) Die fröhlich＿＿＿ Frau neben Ulrich ist die nett＿＿＿ Tante von Uta.

13) Diese jung＿＿＿ Tante heißt Sophie und wohnt in einer groß＿＿＿ Stadt.

14) Das alt＿＿ Bild an der link＿＿＿ Wand hat der Großvater gekauft.

2. 比較級・最上級

　一部の不規則変化を除いて、比較級は原級に-er を付け、最上級は原級に-st を付けます。その形で名詞を修飾するときにはさらに格変化語尾が付きます。比較級で比較の対象を表すときは接続詞 als が用いられます。最上級は名詞を修飾するときは定冠詞が付きますが、副詞的・述語的に用いられているときはam -sten の形になります。

原級	比較級	最上級
原級 [+ 格変化語尾] 付加語的用法のみ	(‥) 原級 + er [+ 格変化語尾] 付加語的用法のみ	定冠詞 (‥) am + 原級 + st [+ 格変化語尾] sten
so ... wie ~ : ~と同じくらい… zu ... : あまりに…	比較級 +als... ：…より immer+比較級：ますます… な viel　 +比較級：ずっと…な	unter 3 格：…の間で

★不規則な比較級・最上級をもつ形容詞・副詞で代表的なもの

□	gern	lieber	liebst （am liebsten）
□	gut	besser	best （am besten）
□	viel	mehr	meist （am meisten）
□	hoch	höher	höchst （am höchsten）

Übung 4 **G** _____ に（　　）の形容詞をふさわしい形にして書きましょう。

1) Anna ist _____ als Lisa. （klein）

2) Aber Lisa ist _____ als Anna. （jung）

3) Julia, Uta und Lisa sind Schwestern. Lisa hat zwei _____ Schwestern. （alt）

4) Julia ist unter den Schwestern _____. （alt）

5) Julia ist auch unter den Mädchen _____. （groß）

6) Anna ist so _____ wie Uta. （alt）

7) Anna hat die _____ Haare als Uta. （kurz）

8) Lisa trägt das _____ Kleid unter den viern. （kurz）

9) Julia trägt das _____ Kleid unter den Mädchen. （lang）

Julia Anna Uta Lisa

Übung 5 次の文をドイツ語に訳しましょう。

1) ドイツ語は英語より簡単だ。

2) 私はこの本があの本よりも大事だと思う。

3) Klaus は私より多く仕事する。

4) 彼女が一番上手に歌う。

5) 一番速い車は彼のものだ。

6) アマゾン河（der Amazonas）世界で（auf der Welt）1 番長い川だ。

7) テレビ塔（-r Fernsehturm）は、このビル（-s Gebäude / -s Haus）よりも高い。

Übung 6 🔊 1）、2）の問いに答えましょう。◀ ») 2-37

1）自分の今日の服装について、例にならって説明してみましょう。

z. B. Heute **trage** ich eine blaue Hose und einen schwarzen Kapuzenpullover.

2）下の図のそれぞれに、適当な値段を付けましょう。そして周りの人に値段を尋ね、比較しましょう。

z. B. Was kostet der Hut? — Der Hut kostet 256 €.

Mein Hut kostet nur 43 €. Dein Hut ist viel teurer als mein Hut.

応用編 🔊 お店の店員とお客になって会話してみましょう。

z. B. Guten Tag! Was möchten Sie? — Guten Tag, ich suche einen Hut.

Wie finden Sie diesen blauen Hut? — Nein, er ist zu teuer. Ich nehme lieber diesen roten Hut.

Er ist billiger als der blaue.

◀ ») 2-38

☐ -e Hose ☐ -r Mantel ☐ -r Pullover ☐ -r Kapuzenpullover

☐ -s T-Shirt ☐ -e Bluse ☐ -s Hemd ☐ -e Jacke ☐ -e Krawatte ☐ -r Gürtel

☐ -r Rock ☐ -s Kleid ☐ -r Schal ☐ -r Schlafanzug ☐ Stiefel Pl. ☐ Schuhe Pl.

☐ -r Schmuck

☐ -r Hut ☐ -e Kappe ☐ -r Ring ☐ -e Halskette

3. 形容詞の名詞化

　形容詞は、男性の冠詞と組み合わせると「〜な男性」を、女性の冠詞では「〜な女性」を、中性の冠詞では「〜なこと」、複数形で「〜な人々」を表すことができます。これを形容詞の名詞化といいます。この時形容詞の頭文字は大文字になります。また中性名詞では etwas やalles と組み合わせて、「何か〜なこと」「すべての〜なこと」を表すこともできます。◀ッ)) 2-39

Der Kluge hat schon das Staatsexamen bestanden.	その賢い男性はすでに国家試験に合格した。
Wir fragten **jene Schöne** nach der Uhrzeit.	私たちはあの美しい女性に時刻を尋ねた。
Etwas Neues soll langsam passieren.	何か新しいことがそろそろ起きるはずだ。

4. 序数

　Lektion 3 で学んだ数字は基数といい、物の個数を数える数です。それに対してここで学習する序数は、順序を表す数です。名詞を修飾する時は形容詞と同様に格変化をします。序数を数字で書くときには必ずピリオドを添えます。

序数　　　　　　　◀ッ)) 2-40

4.-19.: 基数+ **t**
20. - : 基数+ **st**

1.	**erst-**	11.	elft-	21.	einundzwanzig**st**-
2.	zweit-	12.	zwölft-	22.	zweiundzwanzig**st**-
3.	**dritt-**	13.	dreizehnt-	30.	dreißig**st**-
4.	viert-	14.	vierzehnt-	40.	vierzig**st**-
5.	fünft-	15.	fünfzehnt-	50.	fünfzig**st**-
6.	sechst-	16.	sechzehnt-	60.	sechzig**st**-
7.	siebt-	17.	siebzehnt-	70.	siebzig**st**-
8.	acht-	18.	achtzehnt-	80.	achtzig**st**-
9.	neunt-	19.	neunzehnt-	90.	neunzig**st**-
10.	zehnt-	20.	zwanzig**st**-	100.	hundert**st**-

◀ッ)) 2-41

Marie-Antoinette heiratete 1770 Ludwig **XVI.** (**den S**echzehn<u>t</u>en)
Ludwig **II.** (**der Z**wei<u>t</u>e) von Bayern baute das Schloss Neuschwanstein.

Übung 7 **G** 下線部の序数の読み方をスペルで書きましょう。

1) Wir leben jetzt im <u>21</u>. Jahrhundert.

2) Ludwig <u>XIV</u>. von Frankreich baute das Schloss Versailles in der zweiten Hälfte des <u>17</u>.
　Jahrhunderts.

3) Seit dem Ende des <u>II</u>. Weltkrieges herrscht in Japan Frieden.

4) Tschaikowski starb eine Woche nach der Uraufführung der <u>6</u>. Symphonie.

5. 日付の表現

　日付は、「〇番目の日」と序数によって表されます（男性名詞扱い）。順番は「日・月・年」です。◀ッ)) 2-42
　　Den Wievielten haben wir heute? – Heute haben wir **den** 14. (**V**ierzehn<u>t</u>en) Februar.
　　Der nächste Tag ist **der** 31. (**E**inunddreißig<u>ste</u>) März.
　　Am 7. (**S**ieb<u>t</u>en) Mai 1945 endete in Deutschland der Zweite Weltkrieg.
　(= **Den** 7. Mai 1945)

6. 西暦の読み方

文章中に西暦を用いる際は、副詞的に扱われますので、前置詞は不要です。

	日本語の表記	ドイツ語の表記	読み方	◀》2-43
0-1099 年、2000-2099 年：基数と同様	314 年	314	dreihundertvierzehn	
	紀元前 107 年	107 v. Chr.	im Jahr hundertsieben vor Christus	
1100－1999 年：前 2 桁＋hundert＋後 2 桁	1648 年	1648	sechzehnhundertachtundvierzig	
	1989 年	1989	neunzehnhundertneunundachtzig	

Übung 8 **G** 下線部の日付の読み方をスペルで書きましょう。(**Vgl.** 月の名称: Lektion 7, S. 65)

1) Man gründete am 11. 10. 1963 unsere Firma.

2) Am 21. 7. 2011 zerstörte der Sturm den hohen Turm.

3) Der Musiker starb am 5. 12. 1791 in Wien.

Übung 9 Wann ist was passiert?
例にならって、次の1)－4)の出来事に合う日付を選びましょう。◀》2-44

7. 5. 1824	10. Dezember 1929	9. 11. 1989
1. 1. 2002	21. März 2019	~~30. April 2019~~

z. B. Am **30. April 2019** endete in Japan die Heisei-Zeit.

1) Am _____ machte der berühmte Baseballspieler

Ichiro Suzuki bekannt, in den Ruhestand zu gehen.

2) Am _____ bekam der deutsche Dichter Thomas Mann

den Nobelpreis für Literatur.

3) Am _____ fiel die Berliner Mauer.

4) Am _____ begann der Umlauf des Euros in den

meisten EU-Ländern.

7. 受動文

　主語（＝1格）が「～される」ことを表す受動文は、werden が助動詞として定動詞におかれ、具体的な動詞が過去分詞となり文末にくる枠構造によってつくられます。能動文の 4 格が受動文の 1 格になり、能動文の 1 格は、「von+人（＝意思を持つもの）の 3 格」、あるいは「durch+物（＝意思を持たないもの）の 4 格」として受動文に組み込まれます（2 格・3 格は能動文・受動文でもそのままです）。🔊 2-45

Übung 10 **G** 次の能動文を受動文に書き換えましょう。

1) Am 21. 7. 2011 zerstörte der Sturm das Schloss.

2) Man spricht in Deutschland, Österreich, der Schweiz und anderen Ländern Deutsch.

3) Ludwig II. von Bayern baute das Schloss Neuschwanstein.

4) Diese schönen Bilder malte der berümte Maler.

5) Der Sohn hilft der Mutter.

6) Man öffnet die Tür.

7) Der Wirt schließt das Restaurant.

8. 状態受動

　受動文は、主語（＝1格）がまさに何かされている動きを表しています。何かをされた結果、そのままでいる状態を示す文として、**状態受動**があります。助動詞は sein を用い、文末の過去分詞と枠構造を形成します。🔊 2-46

		❷			
受動文	Die Tür	wird	von einer Frau	geöffnet.	扉ドアが女性のよってまさに今開かれているところを表す。
状態受動	Die Tür	ist		geöffnet.	開かれた結果、そのまま開いた状態であることを表す。

Übung 11 **G** 次の日本語を、（　　）内の語を参考にして、状態受動を用いたドイツ語の文にしましょう。

1) スーパーマーケットは日曜日閉店している。　（-r Supermarkt, am Sonntag, schließen）

2) 窓は開いている。　（-s Fenster, öffnen）

3) 公園は市によってきちんと管理されている。　（ordentlich, kontrollieren）

4) 祭りはうまく運営されている。　（-s Fest, gut, organisieren）

5) その座席は占有されている。　（-r Platz, besetzen）

9. いつ生まれたかを表す表現

「生まれた」は、「（子どもを）産む」gebären の受動文 goboren werden で表現します。ただし過去形の受動文になるのは、すでに亡くなった人のみです。現在生存中の私たちについては、geboren sein の現在形で表現します。🔊 2-47

Johann Wolfgang Goethe **wurde** am 28. August 1749 **geboren**.
Meine ältere Schwester **ist** am 3. April 1996 **geboren**.
Wann **sind** Sie **geboren**?

Übung 12 **G** 次の人物たちの生没年を例にならって文にしましょう。🔊 2-48

z. B.

Wolfgang Amadeus Mozart
27. 1. 1756 in Salzburg / 5. 12. 1791 in Wien
⇨ Wolfgang Amadeus Mozart wurde am 27. Januar 1756 in Salzburg geboren und starb am 5. Dezember 1791 in Wien.

1)

Sophie Scholl
9. 5. 1921 in Forchtenberg / 22. 2. 1943 in München

2)

Franz Schubert
31. 1. 1797 in Wien / 19. 11. 1828 in Wien

3)

Marie Antoinette
2. 11. 1755 in Wien / 16. 10. 1793 in Paris

4)

Albert Einstein
14. 3. 1879 in Ulm / 18. 4. 1955 in Princeton, USA*

＊複数扱いされるため、前置詞と組み合わせる時には複数の定冠詞が付きます。

Lektion 12　関係代名詞　接続法（第Ⅰ式・第Ⅱ式）

1. 定関係代名詞

　定関係代名詞を用いると、名詞を文で修飾することができます。修飾される語を**先行詞**と呼びます。定関係代名詞でつながれた関係文は副文ですので、定動詞後置になります。主文との区切りには必ずコンマを打ちます。

	男性名詞	女性名詞	中性名詞	複数
1格	der	die	das	die
2格	dessen	deren	dessen	deren
3格	dem	der	dem	denen
4格	den	die	das	die

Ein Schloss steht in unserer Stadt.　＋　Das Schloss wurde von dem König gebaut.
先行詞　　　　　　　　　　　　　　　　　　　　　　　　❷

→　Ein Schloss, das von dem König gabaut wurde, steht in unserer Stadt.　◀)) 2-49
関係代名詞　　　　　　　　　定動詞後置
（中性1格）

関係文は**副文**！

Übung 1　**G** 例にならって、1）－6）の文を、絵の内容に合うように □ の文と関係代名詞を用いて1文にしましょう。

◀)) 2-50

z. B. Die Frau heißt Sophie.
⇨ Die Frau, die am Tisch etwas isst, heißt Sophie.

1）Das Mädchen ist Uta.

2）Der junge Mann heißt Kurt.

3）Der Mann heißt Ulrich.

4）Der Mann ist Stephan.

5）Die Frau heißt Julia.

6）Lisa ist das Mädchen.

> ~~Die Frau isst am Tisch etwas.~~
> Der Frau gibt Stephan ein Buch.
> Das Mädchen bringt viele Gläser.
> Die Haare des Mädchens sind kurz.
> Der Mann liest am Fenster Zeitung.
> Der Mann trinkt Kaffee.
> Den Mann finden wir neben Julia auf dem Sofa.

Übung 2 **G** 例にならって、1）－5）の文を絵の人物に合うように□の文と関係代名詞を用いて1文にしましょう。

~~Wir lieben immer noch den Musiker.~~
Den Physiker bewundern alle als Genie.
Ihre Mutter ist Maria Theresia.
Die Studentin hat gegen den Nationalsozialismus protestiert und wurde hingerichtet.
Wir verdanken dem Komponisten viele schöne Lieder.
Die Schriftsteller lebten im Zweiten Weltkrieg im Exil.

🔊 2-51

z. B.
Wolfgang Amadeus Mozart ist der Musiker.
⇨ **Wolfgang Amadeus Mozart ist der Musiker, den wir immer noch lieben.**

1)

Sophie Scholl ist die Studentin.

2)

Albert Einstein ist der berühmteste Physiker.

3)

Thomas Mann ist einer* der Schriftsteller.

4)

Prinzessin Marie-Antoinette sollte mit 14 Jahren den Kronprinzen von Frankreich heiraten.

5)

Das Grab des Komponisten Franz Schuberts befindet sich im Wiener Zentralfriedhof.

*不定代名詞、「1人の男性」

関係代名詞が前置詞とともに用いられ、<u>時</u>と<u>場所</u>を表すときは、関係副詞woを用いることができます。

🔊 2-52

Das ist die Stadt, **wo** ich aufgewachsen bin.　　　これが私の育った町です。
　　　　　= in der

Es war ein Sommer, **wo** der Unfall passiert ist.　　その事故が起こったのは夏のことでした。
　　　　　= in dem

Übung 3 **G** 例にならって、1）−5）の文を絵の説明としてふさわしいように、関係副詞woを用いて☐の文と1文にしましょう。また、woの下に置き換え可能な前置詞+関係代名を書き込みましょう。

> In einer Einrichtung kann man etwas lernen.
> Am Ort kann man den Zug nehmen.
> Am Ort kann man in den Bus ein- und aus dem Bus aussteigen.
> In der Zeit feiert man die Geburt des Christkindes.
> Dort gibt es viele Bücher.
> An dem Tag wurde man geboren.

z. B. 🔊 2-53

Die Schule ist eine Einrichtung.
⇨ **Die Schule ist eine Einrichtung, wo man etwas lernen kann.**
　　　　　　　　　　　　　　　　　　in der

1) 　Weihnachten ist die Zeit.

2) 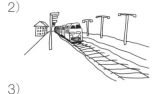　Der Bahnhof ist ein Ort.

3) 　Die Bibliothek ist ein Zimmer oder ein Haus.

4) 　Der Geburtstag ist der Tag.

5) 　Die Bushaltestelle ist ein Ort.

3. 不定関係代名詞

　関係代名詞の中には、1語で先行詞の役割も担っている語があります。それは「～する人は」を意味するwerと、「～なことは」を意味するwasです（wasには、たまに「すべて」allesなどが先行することがあります）。 ◀)) 2-54

Wer fremde Sprachen nicht kennt, weiß nichts von seiner eigenen.

　　外国語を知らない者は、自分の言語について何も知らない。（ゲーテ）

Alles, **was** du brauchst, steht in diesem Buch. 君が必要なことは、すべてこの本に載っています。

Übung 4 **G** 例にならって、1）－5）の文を絵の説明としてふさわしいように、不定関係代名詞wer・wasを用いて◻の文と1文にしましょう。

> Man möchte reich werden.
> ~~Man möchte kranken Menschen helfen.~~
> Man braucht es, um neu anzufangen.
> Man braucht es bei einer Erkältung.
> Man will etwas fachlich erfahren und erforschen.
> Man hat Durst und Hunger.
> ~~Ein Arzt oder eine Ärztin macht es.~~

z. B. ◀)) 2-55 　　**Er oder sie** kann als Arzt oder Ärztin arbeiten.
　　⇨ **Wer kranken Menschen helfen möchte, kann als Arzt oder Ärztin arbeiten.**

　　Es ist Patienten behandeln.
　　⇨ **Was ein Arzt oder eine Ärztin macht, ist Patienten behandeln.**

1) Man muss viel arbeiten.

2) Man kann im Restaurant etwas bestellen.

3) 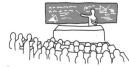 Man studiert an der Uni.

4) Es ist Mut.

5)  Es sind Ruhe und ein Bett.

4. 接続法 Konjunktiv

　接続法とは、話し手の心的態度の相違を動詞によって表す方法の1つです。これまで学習してきた動詞の様々な活用は、Lektion 6の命令形（＝命令法Imperativ）を除いて、すべて直説法Indikativです。これは現実のことがらを表現するために用いられます。これに対して接続法は、願望や要求、伝聞したことという留保をつけた内容であることを表現するための方法です。第Ⅰ式では「間接話法」と「要求話法」、第Ⅱ式では「非現実話法」と「婉曲話法」に用いられます。接続法第Ⅰ式は「KI」と、接続法第Ⅱ式は「KII」と略記されます。

5. 接続法第Ⅰ式（KI）

　接続法第Ⅰ式（KI）の用法は、話し手が他の人の発言を事実か否かは問わずに伝えていることを示す「間接話法」と、話し手の願望・要求を表現するための「要求話法」です。接続法第Ⅰ式（KI）は動詞・不定詞の語幹に語尾を付けてつくります。直説法では不規則になる動詞も規則的に変化します。sein動詞のみ特別な形があります。

接続法第Ⅰ式（KI）の人称変化

		sprechen	wissen	geben	nehmen	**sein**
ich	語幹＋e	spreche	wisse	gebe	nehme	sei
du	語幹＋est	sprechest	wissest	gebest	nehmest	seiest
er/sie/es	語幹＋e	spreche	wisse	gebe	nehme	sei
wir	語幹＋en	sprechen	wissen	geben	nehmen	seien
ihr	語幹＋et	sprechet	wisset	gebet	nehmet	seiet
sie	語幹＋en	sprechen	wissen	geben	nehmen	seien
Sie	語幹＋en	sprechen	wissen	geben	nehmen	seien

（KIが直説法と区別が付かない形になるときは、KIIをその代わりに用いることができます。）

Übung 5 **G** Formulieren Sie die Sätze in indirekte Rede um.
ニュースやインターネットで知ったことを、接続法第I式の間接話法に書き換えましょう。

Maximilian Schlösser
Bürgermeister von Oberstadt

> Ich bin als Bürgermeister auf unseren Sportwettbewerb stolz. Morgen findet das Fest statt. Daran nehmen 378 Leute teil.

Laut dem Interview **sei** der Bürgermeister auf den Sportwettbewerb stolz. Morgen ...

> Ich freue mich schon auf den Sportwettbewerb. Ich will unbedingt hingehen. Ich werde mich sicherlich in den Gewinner verlieben ♥

Laut dem SNS **freue** sich Julia...

Übung 6 **G** Was wünscht Heinrich Müller heimlich dem Himmel überhaupt?

明日のスポーツ大会に出場したくないハインリヒ・ミュラー君は何やら願い事をしています。例にならって、お願いになるように、「～であれ！」「～になれ！」という要求を表す接続法Ⅰ式（KⅠ）にしてみましょう。

z. B.

Gott hilft mir.
⇨Gott helfe mir.

Jemand erkennt
mein Leiden.

Der Sportwettbewerb
findet nicht statt.

Es regnet den ganzen Tag.

Der Sturm kommt hierher.

Ein starker Alien attackiert die Erde.

6. 接続法第Ⅱ式（KⅡ）

　接続法第Ⅱ式（KⅡ）の主な用法は、現実的には起こりえないことについて語る「非現実話法」と、丁寧な婉曲表現である「外交的表現」の2つです。

　接続法第Ⅱ式は動詞の過去基本形を基につくります。三基本形が規則変化をする動詞の場合、接続法第Ⅱ式は直説法の過去形とまったく同じになります。三基本形が不規則になる動詞の場合、たいてい1つの母音をウムラウトさせ、「-e」を付けて基本形をつくり人称変化させます。しかし、sein・haben・werdenと話法の助動詞以外は、「würde +不定詞」（枠構造）が多く用いられます。

接続法第Ⅱ式（KⅡ）の人称変化

	不定詞	sein	haben	werden	können	wollen	machen
	過去基本形	war	hatte	wurde	konnte	wollte	machte
	KⅡ基本形	wäre	hätte	würde	könnte	wollte	machte
ich	基本形	**wäre**	**hätte**	**würde**	könnte	wollte	machte
du	基本形+st	**wärest**	**hättest**	**würdest**	könntest	wolltest	machtest
er/sie/es	基本形	**wäre**	**hätte**	**würde**	könnte	wollte	machte
wir	基本形+n	**wären**	**hätten**	**würden**	könnten	wollten	machten
ihr	基本形+t	**wäret**	**hättet**	**würdet**	könntet	wolltet	machtet
sie	基本形+n	**wären**	**hätten**	**würden**	könnten	wollten	machten
Sie	基本形+n	**wären**	**hätten**	**würden**	könnten	wollten	machten

🔊 2-56

würde + machen

Wenn der Kopf mir nicht weh **täte**, **machte** ich die Hausaufgabe.

→Wenn der Kopf mir nicht weh **tun würde**, **würde** ich die Hausaufgabe **machen**.

Übung 7 Was würden Sie machen, wenn Sie im Lotto gewinnen könnten?
宝くじに当たったとしたら、何をしますか。質問して答えてみましょう。 🔊)) 2-57

Was würden Sie machen, wenn Sie im Lotto gewinnen würden?

z. B. Wenn ich im Lotto gewinnen würde, würde
ich ein großes Haus kaufen.

🔊)) 2-58

☐ ein großes Haus kaufen

☐ Geld sparen

☐ eine Firma gründen

☐ investieren

☐ viel einkaufen

☐ im Luxus leben

☐ die ganze Welt bereisen

☐ vielen Leuten in Not helfen

☐ nicht mehr arbeiten gehen

☐ Künstler unterstützen

☐ meinen Studienkredit
zurückzahlen

Übung 8 **G** 「als ob ...」「als wenn ...」+接続法第II式はともに「あたかも…のように」を表します。例にならって接続法第II式（**KII**）を用いて、1）−3）を「あたかも…のように〜する」という文をつくってみましょう。🔊 2-59

z. B. Thomas spielt sehr gut Baseball.　+　*Er ist Ichiro.*

⇨ **Thomas spielt sehr gut Baseball, als ob er Ichiro wäre.**

KII …現実ではないので

1）Das Kind ist sehr klug.　+　*Es ist Einstein.*

2）Die Frau zieht sich auffällig an.　+　*Sie ist Marie Antoinett.*

3）Ich bin glücklich.　+　*Ich bin im Traumland.*

Übung 9 **G** 「wenn ...」の文は副文なので通常は主文とともに用いられます。しかし「wenn ...」が接続法第II 式を導くときに「doch」が含まれていると、「…だったらいいのになぁ！」という願望を表す文になり、独立して用いることができます。例にならって、「…だったらなぁ！」を表現してみましょう。

z. B. 🔊 2-60

Wenn ich **doch** im Luxus leben würde!

☐ im Luxus leben

☐ ein teures Auto besitzen　　☐ reich sein　　☐ gut tanzen können　　☐ gesund sein　　☐ eine schöne Nase haben

Zusatz 補遺　現在分詞　冠飾句　未来形　wennの省略　前置詞と結びついた表現　住居　レストランでの会話

1. 現在分詞

　ドイツ語の動詞は、分詞の形になると元の意味を保ったまま形容詞的に用いることができます。分詞には現在分詞と過去分詞があります。過去分詞のつくり方はLektion 8で学習した通りで、形容詞化すると「〜された」という受身の意味になります。一方現在分詞は、動詞の語幹に -end を加えてつくります。例外としてseinのみはseiendとなります。形容詞化した時の意味は「〜している最中の」「〜しつつある」となります。よく使われる現在分詞の中には、すでに形容詞とみなされるものもあります。

現在分詞の作り方　動詞の語幹 ＋end

lauf en	＋end	→	laufend	走りつつある　→　流通している・継続している	
folg en	＋end	→	folgend	続きつつある　→　以下の〜	
bedeut en	＋end	→	bedeutend	価値を持ちつつある　→　著名な・重要な	
zunehm en	＋end	→	zunehmend	増えつつある　→　増加中の	
sein	＋end	→	seiend		

Übung 1　**G** 次の動詞を現在分詞にし、形容詞として扱われていないか辞書で調べましょう。

1) gehen　2) fahren　3) teilnehmen　4) wandern　5) fliegen　6) umdrehen

2. 現在分詞の用法

　現在分詞は形容詞と同様に、付加語的用法と副詞的用法があります。ただし述語的用法は、形容詞として定着した現在分詞に限った用法です。 🔊 **2-61**

付加語的用法：語尾変化や比較級・最上級のつくり方は形容詞と同様です。（**Vgl.** Lektion 11）

Ein **reizendes** Mädchen ist da.　　　　　　　　　　とある魅力的な少女がそこにいる。
Er ist einer der **bedeutendesten** Politiker des Landes.　彼は、国の最も重要な政治家のうちの一人だ。
Lies im **folgenden** Absatz nach.　　　　　　　　　以下段落を参照のこと。
der fliegende Holländer　　　　　　　　　　　　「さまよえるオランダ人」（ヴァーグナーの楽劇の表題）

副詞的用法

Singend wandern die Kinder.　　　　　　　　　　歌いながら、子どもたちはハイキングをしている。
Der Mann fragt mich **teilnehmend** nach meinem Zustand.　その男性は、私の様態について思いやり深く尋ねる。
Das Kind sitzt **stillschweigend** da.　　　　　　　その子供は、黙ったまま座っている。

述語的用法：形容詞として定着している現在分詞のみの用法

Der Politiker ist **bedeutend**.　その政治家は著名だ。
Sie ist sehr **reizend**.　彼女はとても魅力的だ。

3. 冠飾句

冠詞と名詞の間に形容詞が入ることはLektion 11で学習した通りです。さらにこれらの修飾語に加えて、副詞句（前置詞句や副詞など）も名詞を修飾する句に加えることができます。🔊 2-62

z. B.

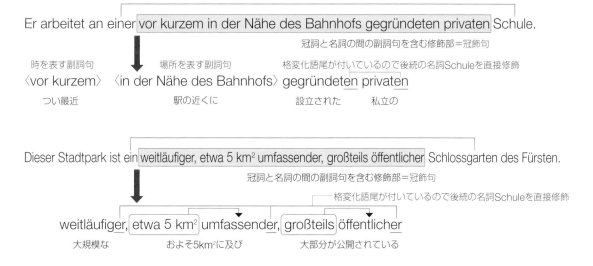

Er arbeitet an einer vor kurzem in der Nähe des Bahnhofs gegründeten privaten Schule.

冠詞と名詞の間の副詞句を含む修飾部＝冠飾句

時を表す副詞句　　　場所を表す副詞句　　格変化語尾が付いているので後続の名詞Schuleを直接修飾

〈vor kurzem〉〈in der Nähe des Bahnhofs〉gegründeten privaten

つい最近　　　　　　　駅の近くに　　　　　設立された　　　私立の

Dieser Stadtpark ist ein weitläufiger, etwa 5 km² umfassender, großteils öffentlicher Schlossgarten des Fürsten.

冠詞と名詞の間の副詞句を含む修飾部＝冠飾句

格変化語尾が付いているので後続の名詞Schuleを直接修飾

weitläufiger, etwa 5 km² umfassender, großteils öffentlicher

大規模な　　　　およそ5km²に及び　　　大部分が公開されている

4. 未来形

未来のことがらでも、起きる可能性が高い場合は現在形を用いますが、不確実な事実を語るときに未来形が用いられます。werdenを助動詞として、文末に不定詞がきます。🔊 2-63

❷　　　　　文末に不定詞

Es wird morgen regnen.　明日は雨が降るかもしれません。
└──────────┘ 枠構造

5. wennの省略

従属の接続詞wennは、省略することができます。導かれていた文の後置されていた定動詞を文頭に移動させます。🔊 2-64

Wenn es morgen stark regnet, werde ich nicht ausgehen.

＝Regnet es morgen stark, werde ich nicht ausgehen.　　wennの省略
文頭に移動

Übung 2　**G** Lektion 10の **Übung 7** やLektion 12の **Übung 8・9** で練習したwennを含む文で、wennを省略してみましょう。

6. 前置詞と結びついた形容詞の表現

☐ von *et.³* abhängig sein	*et.³*に依存している、*et.³*次第である
☐ für *et.⁴* bekannt sein	*et.⁴*で有名である
☐ für *et.⁴* berühmt sein	
☐ zu *et.³* bereit sein	*et.³*する用意がある、*et.³*への気構えがある
☐ auf *et.⁴* böse sein	*et.⁴*に腹を立てている
☐ über *et.⁴* froh sein	*et.⁴*を喜んでいる
☐ über *et.⁴* glücklich sein	
☐ an *et.³* interessiert sein	*et.³*に興味がある
☐ auf *et.⁴* neugierig sein	*et.⁴*を知りたくてうずうずしている
☐ für *et.⁴* nützlich sein	*et.⁴*に役立つ
☐ an *et.³* reich sein	*et.³*に富んでいる、*et.³*が多い
☐ an *et.³* arm sein	*et.³*が欠けている、*et.³*が足りない
☐ auf *et.⁴* stolz sein	*et.⁴*を誇りにしている
☐ als ... tätig sein	…として仕事している
☐ für *et.⁴* typisch sein	*et.⁴*にとって典型的である
☐ von *et.³* überrascht sein	*et.³*に驚く
☐ nach *et.³* verrückt sein	*et.³*に夢中である、*et.³*が欲しくてたまらない
☐ für *et.⁴* wichtig sein	*et.⁴*にとって大切である
☐ mit *et.³* zufrieden sein	*et.³*に満足している

Übung 3 **G** （　）に、下の日本語訳と同じ意味の文になるように、適切な語を補いましょう。また、下の日本語訳から、ドイツ語の文にしましょう。

1) Alles ist （　　　　　） dem Wetter abhängig.

2) Die Stadt ist （　　　　　） den Turm bekannt.

3) Er ist zur Reise （　　　　　）.

4) Das Mädchen ist （　　　　　） ihre Schwester böse.

5) Wir sind über das Geschenk von Ihnen sehr （　　　　　）.

6) Der Student ist （　　　　　） der Politik interessiert.

7) Die Bürger sind auf das Ergebnis der Wahl （　　　　　）.

8) Das Buch ist zum Kochen nicht （　　　　　）.

9) Das Brot ist （　　　　　） an Vitamin.

10) Diese Milch ist （　　　　　） an Fett.

11) Die Leute sind stolz （　　　　　） diesen Helden.

12) Mozart war als Musiker （　　　　　）.

13) Diese Meinung ist typisch （　　　　　） Japaner.

14) Ich bin von diesem neuen Ereignis （　　　　　）.

15) Der Junge ist verrückt （　　　　　） dem Videospiel.

16) Lernen ist für Studenten （　　　　　）.

17) Seine Eltern sind （　　　　　） dem Ergebnis zufrieden.

1) すべては天気次第だ。

2) この街は塔で有名である。

3) 彼は旅への準備ができている。

4) その少女は自分の姉妹に腹を立てている。

5) 私たちはあなたの贈り物をとても喜んでいます。

6) その学生は政治に関心がある。

7) 市民たちは選挙の結果を知りたがっている。

8) その本は料理をするには役に立たない。

9) そのパンにはビタミンがたっぷり含まれている。

10) この牛乳は脂肪が少ない。

11) 人々はこの英雄を誇りに思っている。

12) モーツァルトは音楽家として活動した。

13) この意見は日本人に典型的だ。

14) 私はこの新しい出来事に驚いています。

15) その若者はテレビゲームに夢中だ。

16) 学ぶことは学生たちにとって大切である。

17) 彼の両親は結果に満足している。

7. 前置詞と結びついた動詞の表現

☐ von *et.³* abhängen	*et.³*による、*et.³*次第である
☐ auf *et.⁴* achten	*et.⁴*に注目・傾聴・配慮する
☐ mit *et.³* anfangen	*et.³*に取りかかる、着手する
☐ mit *et.³* beginnen	
☐ auf *et.⁴* antworten	*et.⁴*に答える
☐ um *et.⁴* bitten	*et.⁴*を頼む
☐ für *et.⁴* danken	*et.⁴*を感謝する
☐ an *et.⁴* denken	*et.⁴*のことを考える、思い出す
☐ an. *et.⁴* glauben	*et.⁴*の価値・存在を信じる
☐ ... für/als *et.⁴* finden	...を*et.⁴*だと見なす・考える
☐ ... für/als *et.⁴* halten	
☐ nach *et.³* fragen	*et.³*のことを尋ねる
☐ für *et.⁴* sorgen	*et.⁴*のことを心配する、配慮する
☐ auf *et.⁴* warten	*et.⁴*を待つ
☐ auf *et.⁴* verzichten	*et.⁴*をあきらめる・断念する

Übung 4 **G** （　　）に、下の日本語訳と同じ意味の文になるように、適切な語を補いましょう。また、下の日本語訳から、ドイツ語の文にしましょう。

1) Meine Zukunft hing* （　　　　） dieser Entscheidung ab.   *hängenの過去3人称単数

2) Bitte achten Sie （　　　　） Ihre Kinder!

3) Der Schriftsteller fing* （　　　　） dem Artikel an.   *fangenの過去3人称単数

4) Die Ministerin antwortet （　　　　） die Frage.

5) Der Mann bittet （　　　　） Hilfe.

6) Ich danke dir （　　　　） das Geschenk.

7) Denk （　　　　） deine Punkte in Mathe!

8) Glauben Sie （　　　） Gespenster?

9) Er hält Gespenster （　　　　） eine Illusion.

10) Sie fragt mich （　　　　） meinem Alter.

11) Der Chef sorgt （　　　　） die Ordnung in Büro.

12) Der Junge wartet （　　　　） einen Brief von der Uni.

13) Sie verzichtet nicht （　　　　） die Ehe mit ihm.

1) 私の未来はこの決断にかかっていた。

2) どうぞあなたのお子さんたちに気を付けてあげてください。

3) その作家は、記事に取りかかった。

4) （女性の）大臣は、その質問に答える。

5) その男性は、助けを求めている。

6) 贈り物をありがとう。

7) 君の数学の点数を思い出しなさい。

8) 幽霊の存在を信じていますか。

9) 彼は幽霊を幻想だと考えている。

10) 彼女は私に年齢を尋ねる。

11) 上司は、事務所の秩序に気を配っている。

12) その青年は、大学からの手紙を待っている。

13) 彼女は、彼との結婚をあきらめていない。

-e Küche
🔊 2-65

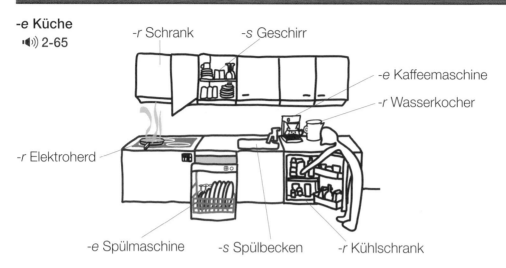

-r Schrank   -s Geschirr

-e Kaffeemaschine

-r Wasserkocher

-r Elektroherd

-e Spülmaschine   -s Spülbecken   -r Kühlschrank

-s Badezimmer
🔊 2-66

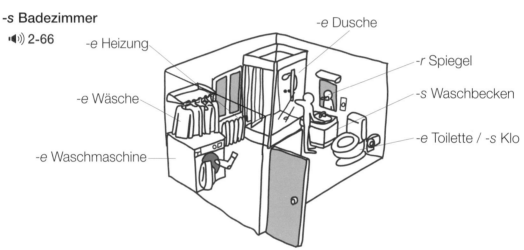

-e Heizung

-e Dusche

-r Spiegel

-e Wäsche

-s Waschbecken

-e Waschmaschine

-e Toilette / -s Klo

-s Wohnzimmer 🔊 2-67

-e Fernbedienung   -s Klavier   -r Fernseher

-s Schlafzimmer / -s Arbeitszimmer 🔊 2-68

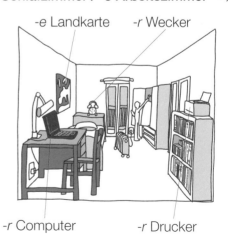

-e Landkarte   -r Wecker

-r Computer   -r Drucker

注文するとき：　◀)) 2-69

> Was möchten Sie trinken?

> **Ein Leitungswasser**, bitte.

> Ich hätte gern **ein Leitungswasser**.

> Ich nehme **ein Leitungswasser**.

支払いするとき：　◀)) 2-70

○ Zahlen, bitte!　　　　　　　　「支払いをお願いします。」

まず、店員に支払いする旨を告げます。多くの飲食店では、テーブルでの精算になります。

■ Getrennt oder zusammen?　　「ご一緒ですか、別々ですか。」
■ Zahlen Sie bar oder mit Karte?　「現金ですか、それともカードですか。」

店員は、精算が合算か個人別かを尋ねてきます。また支払い方法が現金かカードか尋ねられることもあります。

　　　　　　　　　　　　　　現金の時…
○ Ich zahle bar.　　　　　　「現金で支払います。」
■ Das macht 22.50 €.　　　　「合計22ユーロ50です。」
○ 25 €, bitte! / Stimmt so.　「25ユーロどうぞ。／おつりは結構です。」

支払いの際に、金額の1割程度チップを渡すのが習慣になっています。

　　　　　　　　　　　　　　カードの時…
○ Ich zahle mit Karte.　　　「カードで支払います。」
■ Das macht 22.50 €.　　　　「合計22ユーロ50です。」
○ 25 €, bitte!　　　　　　　「25ユーロどうぞ。」

チップを含んだ支払い額を口頭で告げて、機械に入力した合計額を変更してもらいます。

主要不規則動詞変化表

不定詞	直説法現在	過去基本形	接続法第2式	過去分詞
backen （パンなどを）焼く	*du* bäckst (backst) *er* bäckt (backt)	**backte**	backte	**gebacken**
befehlen 命令する	*du* befiehlst *er* befiehlt	**befahl**	beföhle (befähle)	**befohlen**
beginnen 始める，始まる		**begann**	begänne (begönne)	**begonnen**
bieten 提供する		**bot**	böte	**geboten**
binden 結ぶ		**band**	bände	**gebunden**
bitten たのむ		**bat**	bäte	**gebeten**
bleiben とどまる		**blieb**	bliebe	**geblieben**
braten （肉などを）焼く	*du* brätst *er* brät	**briet**	briete	**gebraten**
brechen 破る，折る	*du* brichst *er* bricht	**brach**	bräche	**gebrochen**
brennen 燃える		**brannte**	brennte	**gebrannt**
bringen 持って来る		**brachte**	brächte	**gebracht**
denken 考える		**dachte**	dächte	**gedacht**
dürfen …してもよい	*ich* darf *du* darfst *er* darf	**durfte**	dürfte	**gedurft** **dürfen**
empfehlen 推薦する	*du* empfiehlst *er* empfiehlt	**empfahl**	empfähle (empföhle)	**empfohlen**
erschrecken 驚く	*du* erschrickst *er* erschrickt	**erschrak**	erschräke	**erschrocken**
essen 食べる	*du* isst *er* isst	**aß**	äße	**gegessen**
fahren （乗物で）行く	*du* fährst *er* fährt	**fuhr**	führe	**gefahren**
fallen 落ちる	*du* fällst *er* fällt	**fiel**	fiele	**gefallen**
fangen 捕える	*du* fängst *er* fängt	**fing**	finge	**gefangen**
finden 見つける		**fand**	fände	**gefunden**
fliegen 飛ぶ		**flog**	flöge	**geflogen**

不定詞	直説法現在	過去基本形	接続法第2式	過去分詞
fliehen 逃げる		**floh**	flöhe	**geflohen**
fließen 流れる		**floss**	flösse	**geflossen**
frieren 凍る		**fror**	fröre	**gefroren**
geben 与える	*du* gibst *er* gibt	**gab**	gäbe	**gegeben**
gehen 行く		**ging**	ginge	**gegangen**
gelingen 成功する		**gelang**	gelänge	**gelungen**
gelten 値する，有効である	*du* giltst *er* gilt	**galt**	gälte (gölte)	**gegolten**
genießen 享受する，楽しむ		**genoss**	genösse	**genossen**
geschehen 起こる	*es* geschieht	**geschah**	geschähe	**geschehen**
gewinnen 獲得する，勝つ		**gewann**	gewänne (gewönne)	**gewonnen**
graben 掘る	*du* gräbst *er* gräbt	**grub**	grübe	**gegraben**
greifen つかむ		**griff**	griffe	**gegriffen**
haben 持っている	*du* hast *er* hat	**hatte**	hätte	**gehabt**
halten 持って(つかんで)いる	*du* hältst *er* hält	**hielt**	hielte	**gehalten**
hängen 掛かっている		**hing**	hinge	**gehangen**
heben 持ちあげる		**hob**	höbe	**gehoben**
heißen …と呼ばれる		**hieß**	hieße	**geheißen**
helfen 助ける	*du* hilfst *er* hilft	**half**	hülfe (hälfe)	**geholfen**
kennen 知っている		**kannte**	kennte	**gekannt**
kommen 来る		**kam**	käme	**gekommen**
können …できる	*ich* kann *du* kannst *er* kann	**konnte**	könnte	**gekonnt** **können**
laden (荷を)積む	*du* lädst *er* lädt	**lud**	lüde	**geladen**
lassen …させる	*du* lässt *er* lässt	**ließ**	ließe	**gelassen**

不定詞	直説法現在	過去基本形	接続法第2式	過去分詞
laufen 走る	*du* läufst *er* läuft	**lief**	liefe	**gelaufen**
leiden 悩む，苦しむ		**litt**	litte	**gelitten**
leihen 貸す，借りる		**lieh**	liehe	**geliehen**
lesen 読む	*du* liest *er* liest	**las**	läse	**gelesen**
liegen 横たわっている		**lag**	läge	**gelegen**
lügen うそをつく		**log**	löge	**gelogen**
messen 測る	*du* misst *er* misst	**maß**	mäße	**gemessen**
mögen …かもしれない	*ich* mag *du* magst *er* mag	**mochte**	möchte	**gemocht** **mögen**
müssen …ねばならない	*ich* muss *du* musst *er* muss	**musste**	müsste	**gemusst** **müssen**
nehmen 取る	*du* nimmst *er* nimmt	**nahm**	nähme	**genommen**
nennen …と呼ぶ		**nannte**	nennte	**genannt**
raten 助言する	*du* rätst *er* rät	**riet**	riete	**geraten**
reißen 引きちぎる		**riss**	risse	**gerissen**
reiten 馬に乗る		**ritt**	ritte	**geritten**
rennen 走る		**rannte**	rennte	**gerannt**
rufen 叫ぶ，呼ぶ		**rief**	riefe	**gerufen**
schaffen 創造する		**schuf**	schüfe	**geschaffen**
scheinen 輝く，思われる		**schien**	schiene	**geschienen**
schieben 押す		**schob**	schöbe	**geschoben**
schießen 撃つ		**schoss**	schösse	**geschossen**
schlafen 眠っている	*du* schläfst *er* schläft	**schlief**	schliefe	**geschlafen**
schlagen 打つ	*du* schlägst *er* schlägt	**schlug**	schlüge	**geschlagen**
schließen 閉じる		**schloss**	schlösse	**geschlossen**

不定詞	直説法現在	過去基本形	接続法第2式	過去分詞
schmelzen 溶ける	*du* schmilzt *er* schmilzt	**schmolz**	schmölze	**geschmolzen**
schneiden 切る		**schnitt**	schnitte	**geschnitten**
schreiben 書く		**schrieb**	schriebe	**geschrieben**
schreien 叫ぶ		**schrie**	schriee	**geschrien**
schweigen 沈黙する		**schwieg**	schwiege	**geschwiegen**
schwimmen 泳ぐ		**schwamm**	schwömme (schwämme)	**geschwommen**
schwinden 消える		**schwand**	schwände	**geschwunden**
sehen 見る	*du* siehst *er* sieht	**sah**	sähe	**gesehen**
sein 在る	*ich* bin *wir* sind *du* bist ihr seid *er* ist sie sind	**war**	wäre	**gewesen**
senden 送る		**sendete** (**sandte**)	sendete	**gesendet** (**gesandt**)
singen 歌う		**sang**	sänge	**gesungen**
sinken 沈む		**sank**	sänke	**gesunken**
sitzen 座っている		**saß**	säße	**gesessen**
sollen …すべきである	*ich* soll *du* sollst *er* soll	**sollte**	sollte	**gesollt** **sollen**
spalten 割る		**spaltete**	spaltete	**gespalten**
sprechen 話す	*du* sprichst *er* spricht	**sprach**	spräche	**gesprochen**
springen 跳ぶ		**sprang**	spränge	**gesprungen**
stechen 刺す	*du* stichst *er* sticht	**stach**	stäche	**gestochen**
stehen 立っている		**stand**	stände (stünde)	**gestanden**
stehlen 盗む	*du* stiehlst *er* stiehlt	**stahl**	stähle (stöhle)	**gestohlen**
steigen 登る		**stieg**	stiege	**gestiegen**
sterben 死ぬ	*du* stirbst *er* stirbt	**starb**	stürbe	**gestorben**
stoßen 突く	*du* stößt *er* stößt	**stieß**	stieße	**gestoßen**

不定詞	直説法現在	過去基本形	接続法第2式	過去分詞
streichen なでる		**strich**	striche	**gestrichen**
streiten 争う		**stritt**	stritte	**gestritten**
tragen 運ぶ，身につける	*du* trägst *er* trägt	**trug**	trüge	**getragen**
treffen 当たる，会う	*du* triffst *er* trifft	**traf**	träfe	**getroffen**
treiben 追う		**trieb**	triebe	**getrieben**
treten 歩む，踏む	*du* trittst *er* tritt	**trat**	träte	**getreten**
trinken 飲む		**trank**	tränke	**getrunken**
tun する		**tat**	täte	**getan**
vergessen 忘れる	*du* vergisst *er* vergisst	**vergaß**	vergäße	**vergessen**
verlieren 失う		**verlor**	verlöre	**verloren**
wachsen 成長する	*du* wächst *er* wächst	**wuchs**	wüchse	**gewachsen**
waschen 洗う	*du* wäschst *er* wäscht	**wusch**	wüsche	**gewaschen**
wenden 向ける		**wendete** （**wandte**）	wendete	**gewendet** （**gewandt**）
werben 得ようと努める	*du* wirbst *er* wirbt	**warb**	würbe	**geworben**
werden （…に）なる	*du* wirst *er* wird	**wurde**	würde	**geworden**
werfen 投げる	*du* wirfst *er* wirft	**warf**	würfe	**geworfen**
wissen 知っている	*ich* weiß *du* weißt *er* weiß	**wusste**	wüsste	**gewusst**
wollen …しようと思う	*ich* will *du* willst *er* will	**wollte**	wollte	**gewollt** **wollen**
ziehen 引く，移動する		**zog**	zöge	**gezogen**
zwingen 強制する		**zwang**	zwänge	**gezwungen**

イラストでわかる！
ドイツ文法と単語トレーニング

検印
省略

© 2020 年 1 月 30 日　初版発行

著者　　　　　　　　　　　　　　北原　寛子

発行者　　　　　　　　　　　　　原　雅久
発行所　　　　　　株式会社 朝 日 出 版 社
〒 101-0065 東京都千代田区西神田 3-3-5
電話 (03) 3239-0271・72（直通）
http://www.asahipress.com
振替口座　東京　00140-2-46008
明昌堂／信毎書籍印刷

ISBN978-4-255-25427-2 C1084